お客様目線で
うまくいく
保険窓販
5つの
ステップ

CFP®
宮原 久美
Hisami Miyahara

近代セールス社

はじめに

　この本を読んでみようとページを開いていただいたあなたは、金融機関で営業職についていらっしゃるのでしょうか？
　毎日多くの業務をこなしながら、新商品などについての研修もあり、「あれもこれも覚えなきゃいけないことが山ほどある中で、事務処理も営業もしなくちゃいけなくてもう大変！」なんて思うこともありますよね。

　金融機関には毎日たくさんのお客様が来店されます。
「こんなに多くの方が来店されるのだから、もっと保険の話を聞いてもらえる機会がつくれないものかな…」と心の中でつぶやくこともあるでしょう。
　窓口でお客様を待つのではなく、こちらから定期的にお客様を訪問している方もいらっしゃると思います。
「そういえば、この前保険の話を持ち出したら即答で断られてしまった。これ以上保険の話をするのはストレスだな。でも今月は全然保険が売れていないし…」と営業職ならではの葛藤も多いことでしょう。

　一方で、この本を手にしている方の中には、営業職の部下を持ち、指導されている管理職の方もいらっしゃるかもしれません。そうし

た皆さんは、保険窓販の環境が大きく変化していく中で、試行錯誤が続いているのではないでしょうか？　営業店としての目標の達成に向け、マネジメントや販売指導に創意工夫を重ねていると思います。

　保険商品のラインナップは3年もたてば半数くらいは商品が入れ替わります。そうした中、保険商品の変化にもついていかなければなりませんし、最近は平準払い（毎月払い）の保険も銀行窓販で多数取り扱う方向になっています。

　平準払いの保険は保障性が高く、貯蓄性で売っていたこれまでの保険とは、お客様への販売のアプローチもまったく違う手法をとらざるを得ないかもしれません。

　また、2016年5月の保険業法改正にあたっては、保険販売時の「情報提供」と「意向把握」が法的に定められました。

　お客様が必要とする情報の提供を行い、お客様の意向に沿った保険商品の提案をすることで、真のニーズに合った保険を販売することが銀行窓販でも求められています。

　保険業法改正前までは、自行で取り扱う保険商品の知識の研鑽を軸として保険販売を行ってきたのが実情だったと思います。しかしこれからは、「お客様のニーズ」を把握するプロセスが新たに必要になってくるのです。

　銀行窓販にはもう1つ新しい変化が起こっています。

金融庁より、保険販売時に代理店手数料の開示を推奨されていることです。この背景には「お客様の保護」があります。

お客様は保険商品に精通していないため、販売する側が、代理店手数料の高い保険商品を中心に力を入れているという可能性が指摘されていました。そこで、手数料をお客様に開示することで、保険契約に関わるコストを見えるようにし、販売側都合のセールスを防止するということになったのです。

こうした動きにより、これからは、より保険販売の「質」が問われる時代になるでしょう。

例えば類似商品が複数あったとき、お客様は何を基準に1つの商品を選択するのか。保険商品の保障内容に注目されるのか、販売手数料に注目されるのか…。

もし、保険販売の質が低ければ、お客様の目線は販売手数料だけに奪われてしまい、たとえ真のニーズに合った商品を提案していても、契約に至ることは難しいかもしれません。

保険業法改正、販売手数料開示といった背景には、これまでの販売手法がお客様の真の利益になっていなかったという評価があります。

今、金融庁によって「顧客本位」と定義されている、お客様の真の利益を追求する姿勢が求められているのです。

銀行窓販の現場において、顧客本位をどう実現するのか。

それは、お客様の顕在ニーズだけでなく、潜在ニーズまで満たす

保険商品を提供することではないかと私は考えます。

　お客様の意向把握のためのヒアリング、お客様の希望をかなえる資産運用のための情報提供などのプロセスを経て、「お客様の真の利益」になる提案を行うことが必要なのです。

　本書は、主に現場でお客様に保険の提案をされている金融機関の方に向けて書きました。

　冒頭で、今皆さんがこんな気持ちで日々過ごしているのではないかということを想像してみたのですが、少しでも当たっている部分があった方は、このまま読み進めていただけたらと思います。

　私は現在、乗合代理店で保険を扱っていますが、遡ること約12年前、CFP®を取得し、来店型の総合保険代理店に勤め始めたのが、保険販売に携わるきっかけでした。

　今でこそショッピングセンターの一角や主要駅前に来店型の保険ショップが見受けられるようになりましたが、当時は知名度も低く、地域新聞の折り込みチラシで集客活動をしていました。

　知名度の低い保険代理店に、お客様はどのような目的で来店されたか想像がつくでしょうか？

　お客様の目的は大きく２つあると感じました。

　１つは、今加入している保険について理解したいという欲求です。

　お客様は、家族構成などを踏まえ、毎月支払っている保険料が適正なのかどうかを、正しい情報を得たうえで納得したいとお考えで

した。

　もう１つは、保険のみならず家計管理や貯蓄について真剣に考え、将来に備えたいということです。

　ただ、保険代理店ではお客様の保障についてはご希望をかなえる提案ができても、その他の資産運用についてはニーズが見えにくく、運良くニーズが理解できたとしても、保険商品に限定した提案しかできないのが実情でした。

　その後、私に転機が訪れました。銀行での保険販売という任務を与えられたのです。

　ちょうど銀行窓販で平準払いの保険を取り扱うようになったタイミングでした。

　銀行には保険以外に投資信託をはじめとする金融商品、住宅ローンをはじめとする融資商品も数多くあります。私が直接取り扱う保険商品だけでなく、これらの金融商品を組み合わせ、チームで提案ができたら、きっとお客様にも喜んでいただけるのではないかと感じました。

　しかし、実際の銀行窓販の現場は非常に個人主義的で、保険提案時に話題になることといえば、お客様の自行預金残高のみでした。私は商品ありきの販売手法に限界を感じ、どうすればお客様にとってストレスなく保険提案ができるかということを考え始めました。

　その答えは、商品説明の前にきちんとお客様の話を聞くこと、そ

れに基づき、トータルな資産についてアドバイスを行うことでした。

　ひたすら話を聞いて時間がたってしまうようなこともありましたが、ある日、保険契約をされたお客様が、帰り際に自動ドアのところで深々とお辞儀をされ、「ありがとうございました」と言ってくださいました。そばで見ていた行員さんが「お客様が出ていくときにあんなに深々とお辞儀をされるなんて、今まで見たことないよ」と言うほどでした。そのときの感覚は今でも覚えています。

　皆さんにもこうした感覚を味わっていただき、もっと自信をもって保険を販売してもらいたい、お客様に喜んでもらえる提案をしてほしい、という思いで、本書を執筆しました。

　本書は全5章からなり、ステップを踏んで保険提案の手法を学べる構成になっています。各章の章末にはその章に合った、お客様への《有効な質問》をまとめました。

「《有効な質問》って何だろう？」と思われたでしょうか。

　私の考える《有効な質問》とは、お客様自身も気づいていない感情や欲求を引き出す質問のことです。

　保険相談時にお客様自身がスラスラとお話ししてくださる内容は「顕在ニーズ」です。

《有効な質問》を少しずつ重ねていくと、お客様自身が自分でも認識されていなかった「潜在ニーズ」が現れます。

「潜在ニーズ」を満たす保険商品に巡り会えたお客様は、こちらか

ら売り込みをしなくても、自ら保険商品を選んで契約を望まれます。

　紹介する事例は、私が実際に銀行窓販でお客様に投げかけた質問を基にしています。まだ販売経験の浅い方でも難しくかまえないで、この《有効な質問》を投げかけることによってお客様に本音を語ってもらい、信頼関係を築いてほしいと思います。

　近年、取り扱いが増えている保障性保険には、今まで皆さんが扱ってきた金融商品とは異なった役割があります。

　皆さんが販売する保険には、お客様の今後の人生で、安定した生活や精神面での安心感を担う商品となり得る可能性があるのです。

　ですから、お客様の本当のニーズに応えられる保険を堂々と提案してください。そのために、この本の中にあるヒントをおおいに活用いただけたらと思います。

【目次】

はじめに ……………………………………………………………… 1

第1章　保険提案が苦手なあなたへ

1　保険販売は難しいと感じますか？ ………………… 12

2　「ところでこちらの商品、保険なんですけど…」……………… 17

3　お客様が契約中の保険をしっかり理解してもらう ………… 21

4　生命保険のキホンのしくみを知ってもらう……………………… 26

5　保険診断で信頼関係をつくる ……………………………… 33

6　営業・コンサルタントとして自信を持ちたい方へ ………… 40

第1章の《 有効な質問 》
「掛け捨ては嫌」というお客様の本意は？ …………………… 48

第2章　お客様と共有する3つのプラン

1　ライフプランを立てるってどこまでやればいいの？ ………… 56

2　まず、1本の線を引いてみる ……………………………… 60

3　ライフイベントはお客様に「提案」するもの ………… 66

4　貯蓄計画は2つのアプローチで共有 ……………………… 68

5　リスクマネジメントの考え方を共有する ………………… 74

6　「お客様には保険は必要ないですよ」とアドバイスしてみる…… 77

第2章の《 有効な質問 》
退職後、大きな死亡保障はいらないけれど… ………… 80

第3章　保険加入の目的をハッキリさせる

1　お客様にとって「役割のある保険商品」を提案し
　「寸法」を決める ………………………………………… 88

2　どのお金を支払い保険料にあてるのか ………… 93

3　「保険料が高い」という意味を整理する ………… 97

4　保険商品との「長いお付き合い方法」を提案する ………… 103

第3章の《 有効な質問 》
息子さんの保険料を負担しているお母様の思い ………… 108

第4章　ファーストニーズから潜在ニーズを掘り起こす

1　住宅ローンの団信とは切っても切れない縁がある ………… 114

2　団信加入と生命保険の関係、繰り上げ返済とのバランスは? … 119

3　一色弁当より幕の内弁当のほうが満足感があるでしょう…… 123

第4章の《 有効な質問 》
住宅ローン担当者からのトスアップを次につなげるには …… 128

第5章　保険相談から自行のファンを増やす

1　お客様の生の声を聞いたことがありますか? ………… 134

2　優秀な保険代理店はリピーターで成り立っている ………… 138

3　評価制度で結果は変わる ………………………………… 142

第5章の《 有効な質問 》
どうすれば《有効な質問》ができるのか ………………… 147

あとがき ………………………………………………… 152

第1章

保険提案が
苦手なあなたへ

1 保険販売は
難しいと感じますか？

「え～、保険売らないといけなくなるのー？」

銀行窓口で保険の販売が開始され、その種類が徐々に増えてきたころに、私は保険プランナーとして銀行の支店に常駐することになりました。ちょうど保障性の高い医療保険や、平準払い保険のラインナップが増えてきたタイミングです。着任初日の自己紹介のあと、若い行員さんから少し引きつった面持ちで冒頭の言葉が出てきました。

保険に対する印象の悪さをひしひしと感じました。

保険＝なんだか難しい、よくわからない

保険に勧誘される＝加入する気もないのに押し売りされる

保険を販売する＝断られることが多くて自分も嫌な気持ちになる

金融機関の方だけでなく、一般の方もこのようなイメージを持つ方が大半ではないでしょうか。

保険に対して良いイメージをお持ちの方は、これまでの人

生の中で保険に助けられた経験がある方くらいかもしれません。

　保険を販売することが難しいと感じたり、なんだか嫌だと思うのは、こんなネガティブな印象を持ってしまっているからかもしれないですね。

　どうして他の買い物と違い、保険となるとこのようなイメージがつきまとってしまうのでしょうか。

　私の考えですが、保険を販売する方にとって、「お客様の欲しいものを提供できていない」という場合が多いからではないかと思います。営業感覚としては、お願いして（仕方なく、渋々）加入を承諾してもらったという後味になることも多いのではないでしょうか。

　そして、お客様にとっては、保険の必要性について腹落ちしないまま加入してしまうケースも少なくないと思います。もしかすると保障内容もよくわからないまま、話の流れで加入手続きをしていることもあるかもしれません。

　お客様にとって、保険に加入するということは、保険料の支払いを負担するということです。保険料が気持ち良く支払えるかどうかは、お客様にとって特に大切な部分です。

　お客様が「必要かどうかはわからないが、とりあえず支払わなければいけない」といった感覚のまま支払いがスタート

すると、後々保険料が重荷になってきます。このようなミスマッチが起こる原因は、お客様にとって本当に必要な保障や保険商品を一緒に考え、共有する時間がないからではないかと思います。

　今後の銀行窓販に求められているのは、決まった保険商品について、とりあえずたくさんのお客様に声をかけ、確率高く販売できるようスキルを磨いていくことではありません。まずはお客様のニーズを時間をかけて捉え、そのお客様の必要性に合った保険を提案していくスキルです。

　窓販開始当初から長い間、貯蓄性の高い保険商品の販売がメインだったと思いますが、今後は保障性の高い死亡保険や医療保険、がん保険の取り扱いがますます増えていくことになりそうです。

　この流れの背景の１つには、マイナス金利下で、貯蓄性保険の魅力が低下していることがあります。一部の一時払い保険や個人年金保険は運用難から販売停止になりました。貯蓄性の高さをアピールするような提案は、すでに難しくなっています。

　こうした中、皆さんの金融機関は、平準払いの保険のラインナップを増やすことで、「ストックビジネス」にシフトしていこうとしています。

ストックビジネスについて少し説明しましょう。

例えば、お客様に平準払い保険をご契約いただけたとします。通常、販売手数料は「初年度手数料」と「継続手数料」から成り立ちます。ご契約いただいた年には、初年度手数料を保険会社からもらいます。次年度、お客様が保険を継続いただき、保険料を支払っていただいた場合には、継続手数料がもらえます。

この継続手数料は、商品ごとに5年から10年、あるいは細々と永年（お客様が保険を継続いただいている限りずっと）もらえるシステムです。2年目以降は新規契約をいただくことなく、お客様が保険を継続しているという条件で、金融機関に手数料が入るのです。継続手数料は雪だるまのように積み重なっていくことから、ストックビジネスと呼ばれています。

今後、窓販が強化される保障性保険については、皆さんの営業評価もお客様の支払い保険料ではなく、保険商品の販売件数（複数販売）にシフトしていく可能性は高いでしょう。

保障性保険は、予定利率の高さなど、目に見える数字をお客様にアピールできる貯蓄性保険に比べ、販売が難しいと感じる方もいらっしゃるでしょうか。

保障性保険の場合、お客様にきちんとその必要性を理解し、納得してもらえなければ、契約には至りません。しかし、裏

を返せば、それだけ真のニーズに応えることのできる商品といえます。

　保険販売について、すでに苦手意識を持ってしまっている読者もいるという前提で、少しでも皆さんのお役に立てるよう、事例なども盛り込んでお話を進めていこうと思います。

2 「ところでこちらの商品、保険なんですけど…」

　金融機関では、お客様より事前同意をいただいて、初めて保険商品を提案できます。

　お客様が「いい商品があるなら話を聞いてもいいわよ。少し時間もあるから」とおっしゃって、同意書にサインをいただけると、（この機会を逃してはいけない！　さあ、商品説明開始！）といそいそとパンフレットを広げ、「ところでお客様、こちらは保険商品なんですけど…」と話を始めますよね。

　さて、この後ひとしきり商品説明が行われるわけですが、皆さんがお伝えした話の内容を、お客様はどれだけ興味を持って聞いてくださっているでしょうか。

　優しいお客様は、皆さんが一生懸命保険の説明をするのを一息つくところまで聞いてくださるでしょう。

　その後、お客様からはどんな言葉が返ってくることが多いですか？

「いい商品かもしれないけど、あんまり気がすすまないわ」

とか「今のところは、いらないかな…」といったニュアンス
の言葉がお客様より出ることもあるでしょう。

　そうなると皆さんの頭の中では、研修で教わった〝応酬話
法〟の出番となります。

「そうなんですね、お客様。（まずは共感！）でも、この商
品の特徴は…」

　お客様とのやりとりがしばらく続き、無事成約になれば今
日のノルマ達成です。

「検討します」という返答でお帰りになると、次の面談に気
持ちを切り替えなくてはなりません。

　ここで、皆さんにちょっと聞きにくいことをお聞きします。

　成約になろうがなるまいが、お客様とのやりとりにストレ
スを感じていませんか？

　お客様との間に、信頼関係が生まれたでしょうか？

「いい商品だから自信を持っておすすめしている」と、自分
に言い聞かせてはいませんか？

　もし、〝応酬話法〟を使わなくても面談が進むならどうで
しょう。

　そんなことは不可能だと感じますか？

例えば皆さんが家電を買いに行ったとき、ニーズに合わない商品について、買わないという意思表示をしたにもかかわらず、店員さんから「でも、こちらの商品は…」と何度もすすめられたらどうでしょうか。「やっぱり買おう！」と思う可能性は低いですよね。

逆に、本当に自分のニーズに合った商品なら、店員さんに説得されなくても購入を決めるでしょう。

銀行窓販で扱う保険商品も、「お客様のニーズ」に合っていれば、必要性を感じたお客様が自ら契約を望まれるのです。

ここで「お客様のニーズ」というフレーズを使いました。
普段さりげなく使われるこの言葉の意味を考えてみます。

皆さんは預かり資産の研修などで、"お客様のニーズ喚起"といったテーマのものを受講されたことがあるでしょう。

ただ、決まった商品を販売するための"ニーズ喚起"は、その商品の販売につながる糸口のことです。

これからこの本の中でお話しする「お客様のニーズ」は、商品の販売に直結しなくても、広くお客様自身の「こうありたい」という欲求を指しています。

お客様の「こうありたい」という欲求には、大きく分けると2種類あります。

1つ目はポジティブなイメージで「自分の未来はこうあってほしい」と望む欲求。

例えば、「早期リタイアして夫婦で世界中を旅行してみたい」とか、「退職後は蕎麦屋をやりたい」など。「あれもしたい、これもしてみたい」というポジティブな未来志向です。

2つ目はネガティブなイメージで「将来こんな状況になることは避けたい」という回避型の欲求です。「お金のない老後は避けたい」「病気や介護で家族に迷惑はかけたくない」などが例として挙げられます。

ちなみに皆さんは、自分自身の将来についてイメージするとしたらどちらのタイプでしょうか?

一度意識して考えてみてください。

こんなこと初めて考えてみたな、と感じられる方も多いはずです。

お客様も、ご自身の「こうありたい」が意外と明確でない場合が多いものです。また、ある程度一般的な希望や理想はあっても、具体的な考えがない方も多いように感じます。

お客様がご自身の「こうありたい」に気がつかれ、現状とのギャップを埋めるのに必要な商品が保険であれば、お客様は自ら商品を望まれるわけです。

そのアプローチをこれからご紹介していきます。

3　お客様が契約中の保険をしっかり理解してもらう

　お客様と初めて保険の話をする際、とっかかりとしては、お客様が加入している保険について、一緒に内容を確認する時間を取ることをおすすめします。

　「お客様はご自身の保険の内容について覚えていらっしゃいますか？」とお聞きすると、「なんとなくね…。死亡保険だけど入院したときも出るはずだったような…」などと、お客様はざっくりとした回答をされる方が多いです。

　たとえご自身の保険証券を目の前にして、それを見ながらお話ししていても、加入から時間がたってしまっていると、この程度の理解です。特に何年も前に保険に加入したお客様は、保障内容を正確に思い出せないという方が多いです。

　お客様が健康に過ごされてきたからこそ、保険の内容を思い出す必要もなかったということでしょうから、良いことではあるのかもしれませんが、これでは、いざというときに請求漏れをする可能性もあります。

次に、「ところで毎月いくらの保険料をお支払いされていますか？」とお聞きしてみると、「夫婦で毎月3万2000円くらいかな」などと、かなり正確に答えられる方が多いです。

　保険料は毎月口座から引き落とされ、通帳記帳のたびに確認できるものですから、その金額が頭に残っているということです。**保障内容についてはきちんと答えられなくても、毎月保険にいくら払っているかということは、多くのお客様が正確に把握しています。**

　保険料はお客様にとって家計の固定費です。

　顕在ニーズとして、安くできるものなら安くしたいという考えがありますので、ここまでの単純な会話だけでも、お客様からこんな言葉がよく出てきます。

「うちの保険料って高いかしら？」

「もう少し保険料を削れないものかな…」

　私たちも、毎月かかる光熱費などは無駄遣いせず、出費を抑えるために小さな努力をしますよね。光熱費であれば、こまめに電気を消す、お風呂のお湯を洗濯に再利用するなど、節約の仕方としてはわかりやすいです。

　これが保険となると、支払い保険料が高いと感じても、どこをどう削ってよいかお客様には判断が難しくなります。周りの人たちが保険にいくら払っているか気になっても、なか

なか話題には出しづらく、お客様は一人で悶々と悩んでいます。

　仮に、皆さんの前に50代のご夫婦がいらっしゃり、毎月10万円の保険料を払っているとします。
　先ほどの例のように、奥様が「うちの保険料って高いかしら？」とおっしゃった場合、何と返答しますか？
「そうですね、同年代、同様の家族構成の方と比べると保険料は高めのようですね。もっと減らせる部分がありそうですね」と、まずはお客様に共感してうなずいてもらえるような返答にしておこうと考えますか？

お客様には、他の家庭の一般的な状況と、自分の家計を比較したいというお気持ちもあるでしょう。ただ、このお客様が本当に知りたいのは、毎月 10 万円の保険料が、自分にとって価値があるのかどうかということです。

　保険の中身に対し、保険料が見合っているのかどうかを判断したいのです。

　ですから、皆さんがまずお客様にできることは、一般論を挙げて比較することではなく、保険の中身を正確に教えてさしあげることなのです。

　保障性のある商品なら、その保障内容をまず確認します。

　次に、掛け捨てタイプか、貯蓄性のあるタイプか、という保険の種類を押さえます。

　これらをお客様に聞いても正確に答えられる人は少ないと思いますので、保険証券などを見せてもらえるといいでしょう。

　お客様が支払っている 10 万円の保険料のうち、いくらが保障のための掛け捨て部分で、いくらが将来に利用できる貯蓄部分なのかをお伝えしてください。

　掛け捨て部分と貯蓄部分が五分五分のお客様もいらっしゃれば、支払っている保険料の 8 割が掛け捨てタイプであるお客様もいらっしゃいます。

　支払い保険料の 9 割が、昔から加入している個人年金と

いったお客様もいらっしゃるかもしれません。

　保険料の内訳を理解できると、お客様はご自身で納得感を持ったり、不満に思う部分を認識したりします。

　お客様はいつ必要になるかわからない保障の内容よりも、実感として家計から出ていっている保険料で、保険の良し悪しを吟味されることが多々あります。

　保険料が高い、安いといった話ではなく、保険の中身と支払い保険料の関連性を客観的にお伝えすることを心がけてみてください。現在の保障内容を一緒に確認し、保険料の内訳を示すことで、信頼感を得ることができます。

4 生命保険のキホンの しくみを知ってもらう

　先ほど、お客様の加入している保険が掛け捨てタイプなのか、あるいは貯蓄機能のあるタイプなのかを整理してさしあげることで、納得感や信頼が生まれるとお伝えしました。

　ここでは、もう少し保険の中身を深掘りするための方法をお教えします。

　お客様に保険商品を金融商品として理解していただき、ご自身の保険が希望に沿っているのかどうかを、より深いところからわかってもらうのです。

　今加入している保険がある方なら、掛け捨てタイプか貯蓄タイプかという現状分析ができますが、保険にまったく加入していないお客様の場合、ゼロベースで保険の説明をすることになります。こうした状況でも、お客様と信頼関係を築く手助けになる方法です。

　それは、死亡保障としての生命保険について、キホンのしくみをお客様にご理解いただくということです。金融機関で働く皆さんにとっては、保険のしくみなど当然のように頭に

入っていることかもしれませんが、お客様にとっては、実は
このキホンが理解しにくい部分でもあります。

　皆さんは生命保険募集人の一般課程の試験に合格されたか
ら、現在、保険の販売ができているわけですよね。ここで
ちょっとお客様の立場に立ってみるために、試験を受ける前
に記憶を戻してみてください。

　保険にはどんな種類があって、それぞれどんな名前で呼ば
れていて、どんな目的で加入するものか…こうしたことをあ
らかじめ知っていたでしょうか？　私たちは義務教育や高校
の基礎的な学習の中で、保険について学ぶ機会はありません
でした。もっというと、基本的な税金や社会保険のこと、投
資・資産運用についても、しっかりと学ぶ機会はなかったで
すよね。

　一般のお客様は、募集人資格もまずお持ちではありません
し、保険という金融商品について、あまり理解のないまま「す
すめられたから」「とりあえず」といった理由で契約し、毎
月保険料を支払っているわけです。

　私が銀行窓販で保険を販売しているときに、お客様に一番
喜んでいただけた場面が、募集人資格レベルの保険のキホン
のしくみをお伝えしたときです。

【生命保険の３つのキホンのしくみ】
　1. 定期保険
　2. 養老保険
　3. 終身保険

　これを理解していただきやすいよう、噛み砕いた表現でお伝えしました。
　口頭だけでは難しい部分もありますので、図に書いて表現し、３つの保険の特徴をわかりやすく説明します。

１．定期保険

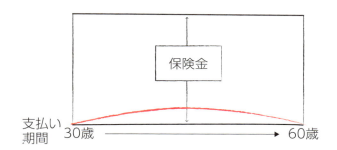

説明例　「『定期』と聞くと金融機関で扱っている定期預金をイメージされ、「お金が増えるのかな」と期待される方も多いのですが、定期保険は定期預金とは異なります。保険で「定期」という場合は、乗り物の定期券を連想していただけるとわかりやすいと思います。乗り物の定期券は、一定期間

はそれを使って交通機関を利用できますが、期限を1日でも過ぎてしまうと、乗り物には乗れませんし、払い戻しもありません。定期保険も、一定期間の保障はありますが、期限が来れば保障はなくなり、保険会社からの払い戻し（解約返戻金）もありません。簡単に言うと、掛け捨て保険です。ただし、掛け捨てなので安い保険料で大きな死亡保障を得られるという利点があります」

ポイント　金融機関の窓口で「定期」という言葉を聞くと、どうしても「定期預金」をイメージしてしまうお客様がいらっしゃいます。保険の場合は定期預金とは異なる、ということを明確にご説明しましょう。

2．養老保険

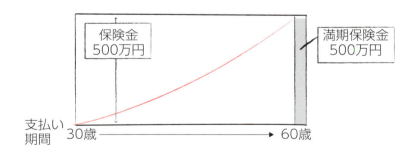

説明例　「この保険は『養老』という字のごとく、老後を養うことを目的にした保険です。ですから定期保険のように掛け捨てではなく、貯蓄性のある保険です。養老保険には満期

があり、保険期間の終わりには、満期金を受け取ることができます。養老保険は『生死混合保険』とも呼ばれるのですが、保険期間中に亡くなった場合と満期時に生きていた場合、どちらもお金を受け取ることができます。保険期間中の死亡保険金と満期保険金額が同額になっています」

ポイント　一昔前まで養老保険は貯蓄と保障を兼ね備える商品として大変人気がありましたが、若い方は養老保険という言葉自体、知らない人が多いかもしれません。養老保険の説明のポイントは、①満期がある、②死亡保険金＝満期保険金、ということです。

3．終身保険

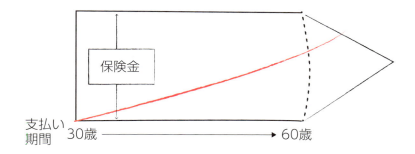

説明例　「この保険は生命保険（死亡保険）の中で唯一、保障が一生涯続く保険です。また、保険期間途中でこの保険をやめた場合は（解約した場合は）、解約金が戻ります。ですので、この保険も掛け捨てではなく、貯蓄性のある保険と言

えます」

ポイント 定期保険、養老保険との比較で、終身保険だけが、保障が一生続くものだということを説明しましょう。お客様の中には、「保険料＝すべて掛け捨て」というイメージをお持ちの方もいますが、**解約返戻金があり、掛け捨てではないということを理解してもらいます。**

説明を終えてお客様に感想をお聞きすると、
「こんな話は初めて聞いたよ」
「前に加入したときはこんなこと教えてくれなかったな」
「もっと早く聞いていたら、今の保険ではない保険を検討していたのに…」
など、とても率直なご意見をいただきました。

このような感想から感じることは、お客様は、加入している保険商品の保障内容の知識だけではなく、もっと大きなところで保険について知りたいと切望されているということです。

特に、死亡保障保険については、このような基本的なことをお伝えするだけでもお客様の役に立てます。お客様によっては、このような話をすると、もっと知りたいと保険に興味を持たれる方もいます。

保険について、わからないまま選択するのではなく、きち

んと理解して選択したいと考えているのです。

　心理学にもありますが、「わからないことを知りたい」というのは、人間の基本的な欲求です。お客様のこの欲求を満たすことができると、とても喜んでいただけます。

　保険に加入するということは、つきつめると「長い目で見た家計上のお金の出入り」を考えることといえます。保険料をいくら支払えば、将来のいざというときに、いくらのお金が手元に入るのかということです。毎月支払う保険料は数千円から数万円でも、それが何十年も続くとすれば、多額の金額になります。

　「何のために自分の大切なお金を払っているのか」

　お客様がこれをしっかり理解したいと望むのは、当然のことでしょう。

5　保険診断で
　　信頼関係をつくる

　最近では週末などに「保険相談会」を開き、保険の見直し
をきっかけに新規顧客の獲得に力を入れている金融機関も多
く見受けられます。専属の保険プランナーがお客様の保険相
談を受ける体制が整っているのでしょう。

　私は現在、乗合代理店で保険相談を受け付けていますが、
こうした金融機関で保険相談を受けられたお客様から、「セ
カンドオピニオン」としての相談を受けることがあります。

　そのときにお客様からよく聞く言葉が、「私が加入してい
る保険は"良くない保険"だから、見直したほうがいいと言
われた」というものです。

　どうも、お客様が加入されている保険に対し、「良い」「悪
い」という判定をして、その先のお話を進めているようなの
です。明確にそのような表現で伝えているのかは疑問ですが、
お客様はそう受け取っていらっしゃいます。

　いわゆる"良くない保険"に加入しているお客様に、どこ
が悪いと言われたかをお聞きしたところ、「保険料が更新で

上がるから」とのこと。そして保険プランナーから新しい保険への見直しをすすめられたのですが、いまひとつ納得感がなく、セカンドオピニオンを聞きに来たのでした。

　更新型の保険であれば、保険料がいずれ上がるのは当然です。ただ、そのことが「悪い」というわけではありません。**「良い（自分の希望を満たしている）」「悪い（必要性に合ってない）」を決めるのは、お客様自身です。**お客様が加入中の保険のジャッジは、お客様の考え方や言葉で表現されるものだと思います。

　そして、お客様が自分で声に出して「私は○○したい（保険料を下げたい、保障を厚くしたいなど）から、希望に合う保険にしたい」とおっしゃることができれば、お客様は自ら行動されます。

　では、お客様にご自身の保険をジャッジしていただくためには、どうすればいいのでしょうか。

　まず、お客様が一般的に加入している保障性保険は、大きく分類すると死亡保険と医療保険に分けられます。大手生保会社の主力商品としては、死亡保障と医療保障が一体型になっている商品が販売されています。これを頭に入れておいてください。

ここでは、お客様の生命保険を一緒に理解するための順序を具体的にお伝えします。

１．誰の保険なのかを確認する

　ご夫婦、ご家族でたくさんの保険に加入しているお客様は、ご家族全体での保険証券の枚数が10枚以上に及ぶこともあります。お客様も、どこからどう手をつけて整理すればいいのかわからず、戸惑われているかもしれません。こんなときは、まず被保険者ごとに保険証券を仕分けましょう。

「ご主人は○○生命ほか、4証券分の保険にご加入なのですね。奥様は、○○生命と共済保険で計3証券ですね。お嬢様と息子様の保険がそれぞれ1証券ですね」というように整理してみます。

　保険証券を整理する過程で、お客様は「そうそう、これは昔お付き合いで入ったのよね…」とか、「心配していろいろ加入してしまったけど、重複しているようなところもあるかしら」といった話をされることも多く、ご家庭の保険遍歴や、今後の希望、疑問などについても考えが及んで、いろいろな発言が出てきます。

２．死亡保障について確認する
【保険金額】

　被保険者が万が一のとき、保険会社が死亡保険金受取人に

支払う金額を確認しましょう。

質問例 「ご主人の万一のときの保険金額はちょうどよいと感じられますか？」

【保険期間】

死亡保障がいつまで続くか確認しましょう。

質問例 「ご加入時にこの期間までの保障を希望されていたのですか？」

【払込期間】

保険料をいつまで払うのか確認しましょう。また、今後の保険料に変動があるか（更新時に保険料が上がるタイプかどうか）も確認しましょう。

質問例 「保険料は更新時には上がりますが、ご存知でしたか？」

【生命保険の基本形のどれに当たるか】

生命保険のキホンのしくみ、「定期」「養老」「終身」のうち、どのタイプが主契約の保障となっているかを確認しましょう。主契約が終身保険で、特約で定期保険が付いているタイプもよくあります。

質問例 「生命保険は〇〇のタイプのようですが、もともとお客様がご希望された種類のものですか？」

3．医療保険について確認する

【給付金額】

被保険者が入院した場合や手術を受けた場合にはいくらの給付金が出るのか確認しましょう。

質問例 「入院時の給付金額は日額1万円のようですが、この金額についてはいかがですか？」

【保険期間】

医療保障がいつまで続くのかを確認しましょう。

質問例 「医療保険は80歳までとなっています。保険期間は問題ないですか？」

【払込期間】

保険料をいつまで払うのかを確認しましょう。また、今後の保険料に変動はあるか（更新時に保険料が上がるタイプかどうか）も合わせてチェックします。

質問例 「保険料は一生支払うタイプになっています。将来のお支払いにも支障はなさそうですか？」

【特定の疾病に対する保障】

医療保険の場合、特約という形で特定の病気に対しての保障が付帯されていることも多いです。特約の内容を確認しましょう。最近のお客様は、がんをはじめとする一定の病気に

対して保障を充実させたいとお考えの方も増えています。

質問例 「気になる病気はありますか？」

保険診断というと、お客様に現在加入中の保障内容をご説明するイメージがあるかと思いますが、実は、保険診断はお客様の希望を細かくお聞きする場面でもあります。

お客様の現時点での保障内容がご希望に合っているかどうか、質問例のような問いかけをして、ヒアリングしてください。もちろん、お客様も希望が明確でなく、即答できないこともあると思います。

そんなときには、お客様は皆さんに「どうしたらいいですか？」と聞かれることでしょう。

そのように意見や助言を求められたら、ここから先が皆さんが堂々と提案をする番なのです。

最後に、保険証券の内容確認をするときの基本的なポイントをお伝えしておきます。

まず、保険証券をざっくり眺めると「主契約」と「特約」という文字を見つけることができます。

「主契約」というのはこの保険の幹の部分です。

「特約」は枝葉（オプション）あると理解してください。

ですから、「主契約」を解約して「特約」だけ継続することはできません。木の幹がなくなったのに、枝葉のみ生きて

第1章　保険提案が苦手なあなたへ　　39

いくことはないということです。

「主契約」を残してオプション部分の「特約」をなくしてしまうことは基本的にできます。

　枝葉を切り落とししても、木の幹は立っているということです。

　お客様の保険証券を見ながら、「主契約」と「特約」を一緒に確認し、「『特約』はオプションなのですよ」とお伝えするだけでも、初めてしくみを知ったお客様には、意外と喜んでいただけることがあります。

6 営業・コンサルタントとして
   自信を持ちたい方へ

　営業という職種で働いている方は、世の中にたくさんいらっしゃいます。

　営業といっても、何を販売するかは様々です。私ごとですが、以前は住宅販売の仕事も経験したことがあります。住宅の場合、お客様を販売物件にお連れして営業しますが、新築のキレイなおうちが目の前にありますから、お客様もその物件がある程度希望に合っていれば、「ここに住んで、こんな暮らしがしたい」と具体的なイメージが湧きます。補足的な説明や購入意欲の後押しをすることが、私の仕事のようなものでした。

　皆さんが販売される商品は金融商品です。お客様は手にとって触れることもできませんし、見た目で「カッコイイ！」「カワイイ！」という感想も出てきません。良い匂いもしなければ、家に飾って眺めたいものでもありませんよね。

　販売の場面でお客様の目に映るものは、パンフレットや設計書などの紙媒体です。

皆さんもお客様から、「保険のパンフレットって、見ても
よくわかんないわ。字も多いし、難しいことがいっぱい書い
てあるから」なんて言われたことがあるのではないでしょう
か。

　**お客様が金融商品を選ぶ際には、商品そのものの内容だけ
ではなく、皆さんの「伝え方」や「非言語のコミュニケーショ
ン」も非常に影響を与えます。**

　つまり、金融商品に魅力があっても、皆さんの説明がわか
りにくいものであったりすると、お客様に検討してもらうこ
とはできません。また、たとえお客様が商品を理解すること
ができ、良い商品だと感じても、なんとなく営業の方が信頼
に足りないと感じてしまうと、この場合も契約には至らない
でしょう。

　金融商品、特に保険はお客様との信頼関係を築けるかどう
かがとても大切です。

　信頼関係を築くためにできることは何でしょうか。

　すぐに取り組め、簡単にできそうなことをお伝えします。

1. 話す速さをお客様に合わせる

　保険相談において、お客様が話を聞く気にもなっていない
状況で皆さんがいくら言葉巧みに商品説明しても、うまく伝

わらずに時間のムダになってしまうケースがあります。

これは、お客様と皆さんの間にまだ信頼関係ができていないからです。

まず、自分の話すスピードをお客様の話すスピードに合わせてみてください。

金融機関の営業の方は、早口な人が多いという印象があります。業務効率的にはよいのかもしれませんが、コミュニケーションとしては成り立たない場合もあります。

心理学の用語で「ラポールを築く」という表現がありますが、これはフランス語で「関係を築く」といった意味合いです。コミュニケーションをとる相手と、信頼関係を結ぶことを指します。

ラポールを築くにはお客様の話を傾聴するなど他にも方法はありますが、保険コンサルティングにおいては、まず自分自身の話すスピードを意識してみることをおすすめします。

高齢のお客様にはゆっくりと話す、理解の早いお客様には歯切れよく回答するなど、自分のペースで話すのではなく、相手に合わせた話し方、伝え方を工夫してください。

2.メモを取る

お客様がお話しされた内容を、簡単でもよいので、お客様の目の前でメモを取ってみてください。書いた内容がお客様の目にも見えるようにメモを取るのが望ましいです。

これには2つの効用があります。

1つ目の効用は、お客様が話した内容を忘れにくくなることです。

お客様からいただいた情報や要望などは、様々な提案をしているうちにうっかり忘れてしまうこともあります。

1つの提案が終わり、話が先に進んでいても、お客様がその前の提案について確認したいことや聞きたいこと、要望があった場合には、メモを取っていれば立ち返ることができます。複数の事項があっても、後から確認できるので安心です。

2つ目の効用は、お客様に信頼感を与えるということです。

お客様は、自分が言ったことを皆さんが「ふんふん」とただうなずいて聞いているだけより、メモを取りながら聞いているほうが、より期待感が高まります。これは、「自分の話を真剣に聞いてくれている。自分の希望や要望に応えてくれるのではないか」という期待感です。

また、**相手がメモを取りながら話を聞いてくれていると、話すつもりのなかったことまでつい話したくなるものです。**お客様の話が広がるということは、より提案の下地が強固になるということです。

3. 伝え方を磨く

保険商品は複雑です。

お客様の保険に対するイメージも、「わかりづらい」とい

う言葉が一番に出てくることが多いでしょう。お客様が難しいというイメージを持っている保険商品だからこそ、伝え方次第で結果は違ってきます。

　保険販売においての伝え方のポイントを2つ紹介します。

【俯瞰の目線で伝える】

　保険提案の場面でよく目にするのが、商品の細部について時間を割いて説明をするというものです。細かい特約や一般の方にはわかりづらい特徴、商品の規定などについて、あれもこれも伝えなくてはと思い、一生懸命説明するものの、最後になって、お客様から「そもそもこれはどういった商品なのですか？」と聞かれることはありませんか？

　説明しなければならないことは多々あると思いますが、お客様にとっては、細かいことを一度に言われてもわかりません。細部である1つの特徴のみにフォーカスして話を進めているとき、お客様から単純な質問が出てきて説明すると、そこでお客様の理解が深まったように思うかもしれませんが、実際には大枠のしくみを理解されていないということもよくあります。

　お客様は、自分で理解できないと思うと、すすめられた商品にも魅力を感じることができません。わかりやすく伝えるには、**大きな枠組みの説明から始めて細部の特徴に言及した**

ほうが、納得感が得られます。

　例えば、お客様が貯蓄性のある生命保険（終身保険）を求められた場合を例にとりましょう。終身保険の商品説明時には、まず死亡や高度障害になったときの保障があるということをお客様にご理解いただきます。その後、保障が一生涯継続することや、お客様が何歳まで保険料を支払うことになっているかをお伝えします。さらに、貯蓄性のある保険であることの説明として、解約返戻金の推移に言及します。

　お客様が解約返戻金や満期返戻金のある保険を希望されたとき、どうしてもその部分にフォーカスを当てて商品説明を始めてしまうことがあるかもしれません。このような説明では、お客様は契約後時間がたつと、保険商品か積立商品かわからなくなってしまう可能性もあります。

　俯瞰の目線で説明をするということは、保険商品の特徴をわかりやすく伝えるだけではなく、契約時の誤認を防ぐためにも有効です。

【メリット・デメリットをわかりやすく伝える】

　保険商品を提案する場合、どんな切り口から話せばうまくいくだろうかと考えてしまうことがありませんか？　そして、成約に結びつけなくてはと思うあまり、お客様の前ではついメリットばかりを一生懸命伝えてしまうという方も多いのではないかと思います。

ある程度高額な買い物をするときには、自分の希望に合う商品だから購入を決めたいと思っても、後悔したくないので先にデメリットも知っておきたいという心理が働きます。

　お客様に「いい商品だとは思うけれど、デメリットもあるんでしょ？」と聞かれてから、あわててお客様のニーズに反する話を始めると、興ざめしてしまう場面にもなりえます。

　メリットとデメリットは、合わせてお伝えすることで、お客様から信頼を得ることができます。

　皆さんは、保険商品を販売する前に商品研修を受けることが多いと思います。皆さん自身の視点で、その商品のメリットとデメリットを最低10個ずつは書き出してみてください。

　お客様の属性によってもメリットとデメリットは違ってきます。あるお客様にはメリットでも、別のお客様にはデメリットになることは十分あり得ますので、そのあたりも考慮してみてください。このひと手間をかけていると、お客様の前でもあわてずに保険提案ができます。

4.基本の社会保障制度をきちんと押さえる

　保障性保険の販売には、最低限の社会保障制度の知識が必須です。例えば、医療保険の販売時には高額療養費制度が話題になるでしょう。所得により金額は異なりますが、1カ月にかかる医療費は、約8万円でおさまるという制度です。

　こういった制度は、お客様によってはご自身やご家族が実

際利用されていることもあり、私たちよりもよくご存知である場合もあります。最低限のことを知っていないと、お客様と具体的な会話をすることができません。

　また、死亡保障の提案時には、遺族年金についてお伝えする必要があります。私たちの扱う民間の保険は、国の社会保険や医療保険制度の補完という位置づけです。**公的な保険の不足部分を、自助努力で補うというのが、基本的な考え方なのです。**

　保障性保険の話をしていると、お客様から社会保険に関する質問が出ることは多々あると思います。皆さんも基本的な制度を押さえたうえで、保障性保険の必要性についてお伝えしてください。

第1章の《有効な質問》

「掛け捨ては嫌」という
お客様の本意は？

　ここでは短いスクリプト形式で《有効な質問》のイメージを感じてもらいたいと思います。

　本書の中で何度か取り上げる《有効な質問》とは、お客様の顕在ニーズから潜在ニーズを引き出す質問をいいます。解説は後に回しますので、まずは、これから紹介する保険提案の場面での2通りの会話の違いを感じてみてください。

　医療保険の加入を検討しようとしているお客様とのやりとりです。

パターン①

お客様「今加入している医療保険は掛け捨ての保険なんだけど、保険料がもったいないと思い始めてね…。掛け捨てではない医療保険があるなら紹介してくれないか

な」

銀行員「医療保険にはお祝い金のある商品もありますよ。当行では取り扱いが2商品ありますので、ご案内いたしますね」

（健康祝い金付きの医療保険について説明）

銀行員「A社の医療保険ならお祝い金もあり、ご希望の保障内容かと思います。こちらのプランですと入院日額1万円の保障があり、保険料は毎月○○円になりますがいかがですか？」

お客様「う～ん。やっぱり医療保険って必要なのかな？」

銀行員（え～、医療保険を紹介してほしいって言ってたのに…）

パターン②

お客様「今加入している医療保険は掛け捨ての保険なん

だけど、保険料がもったいないと思い始めてね…。掛け捨てではない医療保険があるなら紹介してくれないかな」

銀行員 「どうして掛け捨ての保険が嫌だと思われたのですか？」

お客様「あまり病気で入院する気がしないし、今は長期間入院することが少なくなっているみたいだからね」

銀行員 「そうですね。入院や手術の心配がそうなければ、結果的にもったいないとお感じになるかもしれませんね。では、医療保険には加入せず、病気療養の自己負担は全部貯金で賄うという考え方はいかがですか？」

お客様「そうは言っても、大きな病気には備えがあったほうがいいような気もするなぁ…」

銀行員 「貯蓄で賄うことが難しい大きな病気とは、どんな病気をイメージされていますか？」

お客様「よく言われる３大疾病とか。あと、働けない期

間が長くなったりしたときに、貯蓄でなんとかするのは難しそうだね」

銀行員「では、３大疾病や働けなくなったときに、いくらくらい保険会社から給付金を受け取れると安心だと感じますか？」

お客様「とりあえず年収分くらいかな？　５００万円くらいとか」

銀行員「まとまった給付金が受け取れると安心ということですね。お客様の希望される保障額を満たそうとすると、医療保険では難しいかもしれません。生命保険の中には、３大疾病などで一時金が受け取れ、掛け捨てではない商品がありますので、そちらをご案内いたしましょうか？」

お客様「お願いします」

　この会話の中で、行員さんの発言の特徴をつかめたでしょうか？
　パターン②では、すべての発言が、お客様への質問になっ

ています。

《有効な質問》によって、お客様の顕在ニーズから、お客様が本当に必要としていること、つまり潜在ニーズにたどり着いているのです。

　この会話の中では、当初お客様は漠然と医療保障の必要性を感じているものの、「保険料がもったいない」と言っています。ここでの「掛け捨て保険は嫌だ」というのは、顕在ニーズです。

　パターン①の場合、一見お客様のニーズに応えているようですが、お客様は提案を受けた保障内容や保険料が何となく自分の欲しているものとは違うと感じ、躊躇されてしまいました。これは、お客様の顕在ニーズのみをくみ取った提案となっていたためです。

　パターン②の場合、お客様がこだわっている「掛け捨て保険は嫌だ」という顕在ニーズに対し、「どうして？」という質問を返すことによって潜在ニーズにたどり着こうとしています。すると、お客様が医療保障に求めるのは、一般的な入院保障ではなく、大きな疾病などに対して、年収に相当するくらいの保障を得られるものだということがわかりました。

　この会話で大切な部分は、お客様自身が自分の口で自分のニーズをお話しされるということです。

人間は、他人から言われたことには素直になれなかったり反発したりするものです。

自分が言ったことに対しては、行動したいというモチベーションが湧いてきます。

ですから、遠回りに見える《有効な質問》を重ねることが、実はお客様に行動していただく一番の近道なのです。

それに、一方的な展開にならないことで、お客様が無理に営業されていると感じずに済み、信頼関係を築きやすいというメリットもあります。

《有効な質問》は、魔法の一言ではありません。
《有効な質問》は、それを重ねることで効果が現れます。

トヨタの有名なカイゼンの手法は、「なぜ」を５回繰り返すことで知られています。例えば不具合が発見された場合、

「なぜこの失敗が起こったのか？」

「○○が原因です」

「なぜ○○が原因となったのか？　○○の何が問題なのか？」

というように、「なぜ？」を繰り返して本当に改善すべき原因までたどり着き、その根本を改善するという手法です。

トヨタは、表面的な課題（顕在化している課題）から潜在原因を突き詰め、そこにメスを入れることで、世界中に認め

られる高品質な車を大量生産してきたのです。

　保険相談も、お客様の顕在ニーズから潜在ニーズにたどり
着くには《有効な質問》を繰り返すことが大切です。そして
潜在ニーズが共有できれば、そこに不足している部分を補う
保険提案をすることができます。

第 2 章

お客様と共有する
3つのプラン

1 ライフプランを立てるって どこまでやればいいの？

　とても基本的なお話ですが、保険提案の根拠となるのはお客様のライフプランです。ある保険会社では、保険販売員を正式に「ライフプランナー」と呼んでいるくらいです。

　皆さんは、お客様のライフプランを踏まえて保険を販売していますか？

　そもそもライフプランといっても広すぎて、何を指すのかわからないと感じている人もいるかもしれません。

　ファイナンシャルプランナーの資格試験を受験された方なら、顧客の年次別収支表（ライフプラン表）を作成する機会があったと思います。私もファイナンシャルプランナーの資格を取得したばかりのころは、お客様の今後のライフイベントを聞き取り、それにかかる収入と支出を見込み、年金生活に入っても資金が枯渇しないかどうか、するとしたらいつまでに枯渇するのかを気にしながら、細かい数字をパソコンのライフプラン表に入力したものです。

　本来ならライフプラン表は数年ごとに見直し、修正しなが

らお客様の資産の見通しを立て、希望の人生を達成できるように対策を検討するものですが、銀行窓販では、お客様の人生に変化があった都度相談を受けるというのはなかなか難しいかもしれません。

　ライフプランソフトを導入しておらず、どういったものかイメージがつかないという人は、興味があれば保険会社の営業の方などに聞いてみてください。保険会社は自社独自のソフトを準備しているはずなので、それで自分のライフプラン表を作ってもらうのが一番わかりやすいと思います。

　ただ、私が実際に銀行窓販の現場にいたときは、細かなライフプラン表を作成するには時間が足りませんでした。皆さんも、相談にかけられる時間は限られていることが多いのではないでしょうか。そこで、私がお客様とライフプランを共有するために、ソフトなどを使わず、ライフプラン表のエッセンスだけを抽出してお話ししていた方法をご紹介します。

　まず、ライフプランについては大きく3本柱で定義します。

　1．ライフイベント
　2．貯蓄計画
　3．リスクマネジメント

1．ライフイベント

　今後のお客様の人生の中で、ある程度のお金の動きが見込まれる出来事のことです。若いご夫婦なら住宅購入や、お子様の誕生がわかりやすい例でしょう。

　少し年配の方なら、定年退職、お子様の独立、旅行、自宅のリフォームなどが挙げられます。

2．貯蓄計画

　貯蓄計画をお聞きすることは、保険の提案をするうえでとても大切な部分です。

　そもそも保険に加入する目的は、通常の生活が送れなくなったときの経済的な補助にあるからです。**不測の事態があったときに、貯蓄を取り崩してもその後の生活に支障がないのであれば、問題はありません。**

　不測の事態の大小もありますが、自力ではどうにもならない状況に備えて、保険をかけておくという考え方です。想定される不測の事態に対してどれくらい対応できるかということは、その時点での貯蓄残高と深い関わりがあります。

3．リスクマネジメント

　よく使われる言葉ですが、ここでは大きく次のようなことと定義します。

リスク＝人生の中で不本意な出来事によって経済的に不安になる状況

マネジメント＝リスクに対しての備え方。またどの程度備えておきたいか計画を立てること

　保険を考えることが前提になりますので、ここでいうリスクとは、自分や家族の身に不本意な状況が起こることを想定します。例えば、急な病気や死亡、障害状態、要介護状態になってしまうことなどです。

　こうした状況に対する備えについては、お客様の考え方も実に様々です。

　可能性の低いリスクに対しても万全の備えをしておきたいというお客様もいれば、最低限の備えさえあればいいというお客様もいます。

　また、想定外の事態について実感がわかないことから、リスクに備えるためにお金を支払うことに対し、躊躇されるお客様もいます。

　保険を提案するうえで、そもそも何を根拠にプランを立てればよいかというのが、この３本柱です。お客様との会話の中で、この３本柱について質問を重ねることで核心に触れることができ、飛躍的に保険提案の幅が広がります。

2　まず、１本の線を引いてみる

　お客様とライフプランを共有するというと、どうしても難しく考えてしまうかもしれませんが、ペンと紙があれば、視覚的にライフプラン全体を共有することができます。

　まず、お客様との間にＡ４サイズの用紙を横向きに置くことからスタートです。

1. まず上下を分けるように横に１本の線を引きます。その上にもう１本線を引き、太いラインを作って、お客様とご家族の年齢を書き込みます。

ご主人	35	55	65	100
奥さま	32	52	62	97
お子さま	2	22	32	67
お子さま	0	20	30	65

　この線は、ライフプラン表の年齢の推移を指しています。お客様とそのご家族の年齢を、10年くらいの大雑把な推移で書き込んでください。お子様の進学・卒業、ご主人の退職

などに合わせて年齢を書き込むのでもかまいません。長寿の
時代、終わりを何歳にすればよいかは悩ましいところですが、
長生きのリスクも想定すれば、90歳以上の設定が望ましい
でしょう。

２．線の上部に、ライフイベントを書き出してみましょう。

ライフイベント	住宅購入 起業？	教育費 ピーク	親の 介護？	定年退職 子の結婚	自分の 介護？	死亡
ご主人	35	55		65		100
奥さま	32	52		62		97
お子さま	2	22		32		67
お子さま	0	20		30		65

　このとき、ご主人の退職時期を聞きとり、その時点で縦に
も線を引いて左右に分け、収入の見込める現役時代と、貯蓄
を取り崩す年金生活時代を線引きすると、よりわかりやすい
です。

　ここでは、若いご夫婦の場合の今後のライフイベントを一
例としています。お子様の教育費のピークなどはいつごろな
のか、見当をつけやすいですね。

　住宅購入などはイベントとしては予定していても、時期が
未定というお客様も多いと思いますから、無理に時期を決め
ないで、おおよその時期で設定するとよいと思います。ライ

フイベントについては、**お客様から聞き取るだけでなく、お客様がまだ気づいていないイベントをこちらから提案していくことも必要です。**この部分については後に詳しくお伝えします。

3. 線の下部には、お客様の貯蓄計画を具体的な金額でお聞きして書き込みます。

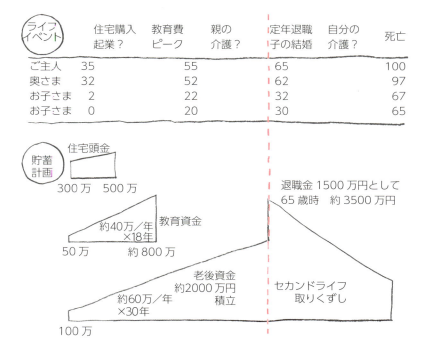

現在の貯蓄額を左端に置いて、今後の貯蓄のイメージを大まかな図にします。人生の３大資金として、住宅購入資金、教育資金、老後資金に分けて考えるとよいでしょう。

　お客様の中には目的別の貯蓄計画について明確に答えられる方もいますが、そのようなお客様は少数です。

　ほとんどのお客様は漠然と貯蓄をしており、「何のために」という考えは特にない場合が多いです。ライフイベントを「見える化」したこの機会に、それぞれのイベントに対して具体的な貯蓄目標を立てることを促してみてください。

　貯蓄計画を目的別に考えることにより、例えば老後資金の準備が目的なら個人年金保険や終身保険といったように、お客様に提案する商品を絞り込むことができます。

4. ライフイベントの上部に、将来起こりえるかもしれないリスクについて書き出してみましょう。

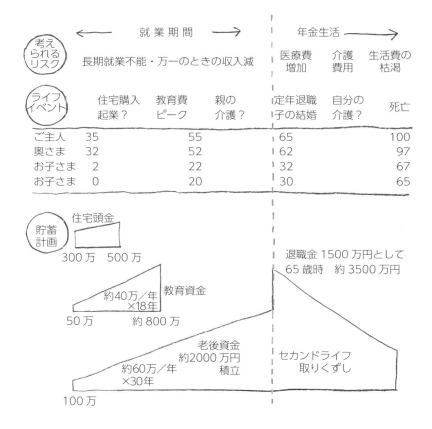

　ここでは、保険を考えるにあたり想定される一般的なリスク（＝将来の経済的な不安）をお客様と共有しましょう。
　主なものには、病気療養や働けない状態になった場合、万一（死亡）のリスクなどが挙げられます。

ここでお客様に気づいていただきたいことは、先ほどお客様に考えてもらったライフイベントや貯蓄計画が、リスクが現実となってしまった場合は、かなわないかもしれないということです。リスクマネジメントができていないと、希望していたライフイベントをあきらめざるを得なくなったり、貯蓄計画が頓挫してしまったりする可能性があるのです。この部分は、お客様に必要な保険を一緒に考えるための下地になります。

　このような「かんたんライフプラン表」を作成すると、「ライフイベント」「貯蓄計画」「リスクマネジメント」を軸にしたライフプランが「見える化」します。各項目について、具体的にお客様とどのように共有していけばよいかをこの後詳しくお伝えします。

3 ライフイベントは お客様に「提案」するもの

　ここでは、3本柱の1つ目、「ライフイベント」についての考え方をお伝えしたいと思います。

　私たちがお客様に「今後のライフイベントとしては何がありますか？」とお聞きしたとしましょう。どんな答えが想定されるでしょうか？

　お客様からの回答は、お子様の入学式や成人式などの行事、あるいはご自身の退職など、人生の節目についてのわかりやすいものになることが多いでしょう。

　保険プランニングのうえでのライフイベントは、お客様のキャッシュフローが大きく変化する出来事を指しています。

　一例を挙げると、お子様についての支出（教育関連の支出）、住宅や車の購入、起業、親御さんの介護、相続などです。

　また、保険提案の場面ならではのライフイベントとしては、お客様自身とご家族の長期療養の可能性や、介護状態になることなども考えられます。この部分はあるかどうかもわからないイベントではありますが、現実にあった場合は、お客様

の貯蓄が大きく減少する出来事になります。

　普通、このようなライフイベントは、お客様の口からスラスラと出るものではありません。

　皆さんからお客様に「提案」するものです。

　特に、病気などで身体が弱ることによって起こるネガティブな状況は、人生の中で精神的にも経済的にもダメージを受ける可能性が高いものです。「どこも悪いところはないし、そんなことは考えたくもない」というお客様も多いと思いますので、皆さんから提案して初めて、お客様はネガティブな状況もライフイベントとして捉えてくれるのです。

　ただし、「かんたんライフプラン表」を作成する際に、早い段階でネガティブなイベントばかり提案してしまうと、せっかく将来の希望や貯蓄計画を話していただいているお客様の話の腰を折ってしまいかねません。まずはお客様の話をよく聞いてライフイベントを記入していき、それに対する思いなどを聞いてからでも遅くはないでしょう。

　そのほうが、本章の後半で解説する「リスクマネジメントの考え方を共有する」という点においても、スムーズにいくと思います。

4 貯蓄計画は 2つのアプローチで共有

　次に、2本目の柱の「貯蓄計画」を共有します。

　なぜお客様にこの情報をいただくかというと、これから提案する保険商品が、本当にお客様にとって必要なのかどうかを見極めるためです。

　例えば、しっかり貯蓄できているお客様にやみくもに保障性商品を提案したとしても、そもそも必要性がなければ興味もわかないでしょうし、空振りの提案になってしまいます。

　ここでいう「貯蓄計画」とは、今後の計画のことだけではありません。**お客様が今までにどのように資産を作って来られたのかを教えていただくと、お客様のお金に対する考え方などが共有できます。**その考え方が、お客様のライフプランの基準でもあります。

　例えば若いご夫婦で奥様がパート勤務の場合、2人の合算収入をお互いが把握していて、生活費全般はご主人の収入のみで賄い、奥様のパート収入はできるだけ使わないようにして貯蓄をしている方もいます。一方で、夫婦共働きでご主人

と奥様がほとんど同じくらいの年収の方などは、財布は別に
していて決まった生活費だけ出し合い、お互いの貯蓄金額は
まったく知らないという方もいます。

　お客様の貯蓄計画を聞くと、年齢や家族構成が同じような
ご夫婦でも、考え方がまるで異なることを実感できると思い
ます。保険提案時には、こうしたお客様の個別の状況に沿っ
た提案ができると、納得感も高まります。

　それでは、お客様の貯蓄計画にどのようにアプローチして
いけばよいか、具体的にお話ししましょう。

　貯蓄計画は、お客様の資産状況（ストック）の把握と、今
後のお金の流れ（フロー）の予測の2つのアプローチで共有
していきます。

1．資産状況（ストック）

　皆さんは金融機関にいるわけですから、自行に口座がある
お客様であれば、預金残高についてはあらかじめ情報を持っ
ていますよね。他行の預金残高や定期の満期情報、有価証券
の保有の有無などについても、現在の資産状況をお聞きして
いますか？

　そんなことを聞いても、簡単には資産総額に関わる情報を
教えてくださらないと考えているでしょうか？

実際には、お客様はご自身の資産状況を驚くほどつまびらかに開示される場合があります。

　それはどんなときかというと、皆さんを信頼できると感じたときです。**お客様は、信頼できるお金のアドバイザーに出会いたいと望んでいるのです。目の前にそんなアドバイザーがいたら、チャンスを逃さず自己開示されます。**

　では、信頼できるアドバイザーだとお客様が心の中で感じる瞬間はどこにあるのでしょうか？

　それは、「自分の状況や希望をちゃんと聞いてくれる」「客観的な情報をわかりやすく説明してくれる」といった、小さなことがきっかけになります。つまり、第1章でお伝えしたような、保険提案以前のお客様とのやりとりが信頼を積んでいくことになります。

　もし、お客様からご自身の資産状況を教えていただいたときには、その資産の原資も聞いてみてください。

　ご自身でコツコツ貯めたお金なのか、相続などで一時に受け取ったお金なのか。それによっても、お客様のお金の使い方や保険の必要性の感覚が異なります。

　保険販売にあたっては、この資産状況が把握できるかできないかが、一番のポイントといっても過言ではありません。

第2章 お客様と共有する3つのプラン　71

　トランプのゲームでも、もし相手の手持ちのカードが全部わかっていたら、自分が出すカードを計算できますよね。もちろん、保険の提案にはカードゲームのような勝ち負けはありませんが、お客様の納得感を強く引き出すためには、資産状況の把握ができていると非常に有利なのです。

2．今後のお金の流れ（フロー）

　次に、お客様の「今後入ってくるお金」と「今後出て行くお金」を予測し共有します。
　ファイナンシャルプランニングだと、毎年の収支から貯蓄残高の推移を予測することになりますが、ここではライフプラン表の下半分に、貯蓄の目的別に貯蓄計画を書き込んでい

く作業になります。

　若いファミリー層の場合なら、人生の3大支出「住宅資金」「教育資金」「老後資金」という一般的な項目でいいでしょう。

　お客様によっては目的別にきっちり貯蓄をしている方もいますが、とりあえず貯金をしているという方が大半です。そうしたお客様に目的別にかかるお金の目安をお伝えすると、具体的な金額が示されたことで、今後の貯蓄計画に取り組みたいと考えるきっかけになることもあります。

　3大支出のうち、保険商品と相性が良いのが「老後資金」ではないかと思います。「教育資金」についても、お子様がまだ幼ければ保険商品を利用することもできます。

　通常、一般的な会社員のお客様の場合は、ライフプラン表の65歳までの就業期間は、貯蓄が積み上がる期間となります。そして、65歳以降は積み上げてきた「老後資金」を取り崩す期間に入ります。

　将来の年金不安から、「老後資金」について心配しているお客様は、20代の方でも非常に多くいらっしゃいます。むしろ最近は、40代よりも若い方のほうが、危機感が強い傾向にあると感じます。

「老後に向けていくら貯めていけばいいか？」という漠然とした不安を持っているものの、どうしたらいいかわからないと思いながら日々過ごしている方はとても多いです。

また、もうじき定年を迎える方は、「長生きのリスク」を気にしています。自分が長生きしたときに、貯蓄と年金でいつまで持つのかを不安に感じている方が多いのです。ただ、自分で貯蓄が尽きる時期を把握するには勇気がいりますし、あまりにも形式的なシミュレーションだと、現実感がなかったりします。

「かんたんライフプラン表」くらいの俯瞰図なら、ストレスもなく、ライフイベントと絡めながらお金の話をすることができます。保険相談の土台として活用していたツールですが、この1枚の紙を前に、お客様はいつまで現役で働くかを決めたり、資産の割り振りについて検討されたりしていました。

　現実を見つめ、今からできることを一緒に考えるためのツールとして「かんたんライフプラン表」を活用してみてください。ここまで来れば、保険提案のための下地は十分です。

5 リスクマネジメントの 考え方を共有する

　リスクマネジメントの定義については前述しましたが、「リスク」と「マネジメント」について、この本の中での定義を再確認します。

　リスク＝人生の中で不本意な出来事によって経済的に不安になる状況
　マネジメント＝リスクに対しての備え方。またどの程度備えておきたいか計画を立てること

「かんたんライフプラン表」の上部には、ライフイベントを記入しましたが、その上に考えられるリスクを書き出していきます。
　例えば、就業期間中であれば、働き手の死亡や就業不能状態、長期療養が必要になった場合の収入減など。老後なら、疾病による医療費増加、介護状態の継続が主になるでしょうか。老後に関しては、長期的な生活資金の準備が必要という観点から、長生きのリスクもあります。

お客様の家族形態や各家庭の事情により、リスクの内容や備えたいことは様々だと思います。お客様からヒアリングをして、特に経済的に困りそうなことを共有してください。

　次に、ファイナンスの視点から、それぞれのリスクに対してこのくらいの金額を備えたいという目安を立てます。備えるべき金額が明確にならない場合は、一般的な資料を参考にしてもよいでしょう。生命保険協会から出版されているデータ集などが利用しやすいと思います。

　そのうえで、金銭的なめどの立たないリスクについては、保障性保険で補うのか否かを検討します。例えば、老後に長期的な入院となるケースなどが考えられます。

　ここでの考え方のポイントは、お客様の今後想定されるリスクのすべてに対して、保険商品を提案する必要はないということです。

　お客様の中には、将来の様々な出来事に向けて貯蓄を積み上げる準備をされている方も多いでしょう。前項で紹介したような過程で貯蓄プランを共有できていれば、お客様がすでに将来のリスクに対して準備済みであったり、リスクを意識した貯蓄プランを立てていたりすることがわかります。その場合は、準備が不足していると思われるリスクに対して、保険提案をすればよいのです。

また、お客様が自己資金でリスクに対応するつもりであっても、保険商品のほうが効率が良い場合もあるため、そのときには助言をすると喜んでいただけると思います。

　保険商品のほうが効率が良い場合とは、どんなときでしょうか？
　昔から、「貯金は三角、保険は四角」という言い方をします。基本的には、将来のリスクに対応するためにコツコツと貯蓄をしていくものです。しかし、想定よりも早く不測の状態がおとずれた場合、まだ十分にリスクに対応できる貯蓄が積み上がっていない可能性があります。
　保険を利用して将来のリスクへの準備をしておけば、保険に加入した直後から、いつ不測の事態が起こっても、リスクに対応できることになります。

6 「お客様には 保険は必要ないですよ」と アドバイスしてみる

　保障性保険に加入する目的は、あくまでも将来のリスクに対して備えることです。

　将来の病気や長生きのリスク、介護リスクに対し、現在の貯蓄で十分賄える状態であるお客様を前にした場合、皆さんはどんな提案をしますか？

　保険相談をしていると、資産のあるお客様の中には、将来のリスクについて経済的な心配がないと思われる方もいらっしゃいます。このようなお客様には、**はっきりと「お客様には保険は必要ないですよ」とアドバイスしましょう。**

　こう伝えた際のお客様のリアクションとしては、びっくりされる方と「やっぱりそうだよね」と納得される方、2通りがあります。

　お客様によっては、いくら資産があっても、自分の資産状況と保険加入は別物としてとらえて、社会通念上、保険には加入すべきという考え方の方もいらっしゃいます。このようなお客様に限って、結構な保険料を掛け捨て保険に支払って

いるということも多々あります。

　また、保険は不必要だと感じていたものの、何となくお付き合いなどで保険加入していた方だと、客観的な助言に「やっぱりね」と納得されます。

　保険窓販において、お客様との面談の目的は、お客様に保険に加入していただくことです。

　しかし、自分にとっての保険の必要性を、客観的にアドバイスしてほしいと切望しているお客様も多いはずです。保険の必要性について、薄々疑問を感じているようなお客様に、今の保険に加えて新しい保険に加入することをすすめても、うっとうしく思われるだけです。

　資産家のお客様でなくとも、私がお客様に保障性保険をおすすめするときは、「もし宝くじで３億円当たったら、私が今提案している保険は不要になりますからね」などと極端な例を出して、保険本来の役割を感じていただけるようにしています。

「お客様には保険は必要ないですよ」なんてアドバイスをしたら、何も成績にならないじゃないかという声も聞こえてきそうですね。でも、このようなアドバイスによって、皆さんはお客様からの信頼を得ることができます。

　一度信頼を得ることができれば、皆さんのこれから先のア

ドバイスや提案を、お客様は真剣に聞いてくださいます。

「保険は必要ない」とは言っても、掛け捨て保険の割合が高ければ、一部を終身保険に切り替えるなどのアドバイスができるでしょう。もしかしたら、保険以外の金融商品の提案にも耳を傾けてもらえるかもしれません。

第2章の《有効な質問》
退職後、大きな死亡保障はいらないけれど…

　第2章のまとめとして、保険相談の場面でのスクリプトを2つの例で紹介します。
　お客様からの相談の入り口は同じです。
　1つ目の例は、お客様の顕在ニーズに応えたパターン。
　2つ目の例は、お客様の顕在ニーズから潜在ニーズを引き出し、保険提案をしたパターンです。

　事例は、定年退職を迎えた60歳のお客様の保険についての相談シーンを取り上げています。
　パターン②は、今後のライフイベントについてお客様に気づいていただくための展開例になっています。ここでも、第1章の《有効な質問》と同様、質問を重ねることで、お客様の潜在ニーズに迫っています。**パターン①**と比べてみてください。

パターン①

銀行員「ご退職を機に保険も整理したいとお考えなのですね」

お客様「そうなんだよ。もう子どもたちも所帯を持ったし、僕の保険もそんなにいらないと思うんだよね」

銀行員「そうですね。もう大きな死亡保障などはいらないかもしれませんね」

お客様「一応、子どもたちに迷惑をかけないように、お葬式代と医療保険だけはあったほうがいいと思っているんだ。良い保険があれば見積書をもらえるかな」

銀行員「かしこまりました。いくつか保険商品をご案内いたしますね」

パターン②

銀行員「ご退職を機に保険も整理したいとお考えなのですね」

お客様「そうなんだよ。もう子どもたちも所帯を持ったし、僕の保険もそんなにいらないと思うんだよね」

銀行員「そうですね。もう大きな死亡保障などはいらないかもしれませんね」

お客様「一応、子どもたちに迷惑をかけないように、お葬式代と医療保険だけはあったほうがいいと思っているんだ。良い保険があれば見積書をもらえるかな」

銀行員「かしこまりました。お葬式代の備えというのは、ご主人様だけでよろしいのですか？　それともご夫婦ともに備えたいとお考えですか？」

お客様「そうだね、自分の分だけというわけにもいかないかな…。妻の分も検討するよ」

銀行員「かしこまりました。奥様の保険のお見積もりも
お出しいたしますね。お葬式代として保険を検討された
いとのことですが、お子様がお金を相続するにあたって
も、保険を活用することで税制面の優遇が受けられます
ので、そのようなお話もいたしましょうか?」

お客様「そうか…そういう話は聞いたことがあるけど、
細かいことは知らないから、この機会に聞いておこうか
な」

銀行員「ありがとうございます。後ほどご案内いたしま
すね。先ほどお子様に迷惑をかけないようにとおっしゃ
いましたが、具体的にどんなケースかを想像されたこと
はありますか?」

お客様「改めてそう言われると、パッとは思いつかない
けど…」

銀行員「最近は、お亡くなりになる前に介護を受けなが
ら過ごす時間も長くなってきました。要介護2になって
からお亡くなりになるまでの期間について、男性では○
○年、女性では○○年という統計があります。そのよう

な状況が訪れたときに、どこに住んで誰に面倒を見ても
らうのか、経済的な負担についてはどうするのかを一度
お考えになってみてもよいかと思いますが、いかが思わ
れますか？」

お客様「介護か（笑）。あんまり考えたくないけど、避
けられない現実だよね」

銀行員「そうなんですよ。実は要介護や認知症になった
ら保険金がおりる商品も最近増えてきています。医療保
険のご活用はお考えのようですので、このような保険も
選択肢に入れてみてはいかがですか？」

お客様「なるほどね。では、そういうのも紹介してくれ
るかな」

銀行員「かしこまりました。それでは生命保険と医療保
険についてご案内いたしますね」

　この事例のお客様は、退職を機に保険の見直しを考えてい
ます。お客様としては、「お葬式代と医療保険だけはあった
ほうがいい」とのことですから、単純に考えれば、200万円

〜300万円程度の死亡保障と医療保険を提案すれば、ひとまずお客様のニーズは満たせるかもしれません。

しかし、ここで思い出してほしいのが、「お客様にライフイベントを提案する」ということです。保険提案は、今後のライフイベントを提案することから始まるといってもいいでしょう。

まず、お客様から「お葬式代」というキーワードが出ましたので、お客様はご自身が亡くなったときのことを考えていることがわかります。これに関連して、「相続」というイベントを提案することができます。

生命保険契約については、登場人物が複数います。契約者、被保険者、受取人です。

ご主人の生命保険提案の中では「受取人を誰にするのか」を決めることになります。相続対策として生命保険を提案すると、ご家族の情報を得ることができます。ご家族の保険についても、現状はどうなっているのか、どのように考えているのかなどを自然にお聞きできる場面になると思います。

パターン②の中には、もう1つ《有効な質問》があります。

お客様より「子どもたちには迷惑をかけたくない」というお気持ちが出てきました。漠然とした不安ですが、「具体的にどんなケースか想像されたことはありますか?」と掘り下げることで、介護というイベントが発生する可能性を提案し

ています。

　お客様の漠然としたお気持ちや不安については、なぜそのように感じているのか、どんな部分が不安なのかを、具体的に聞いてみるとよいでしょう。こうした質問に対して明確に答えられないお客様も多いと思いますが、そのときこそ、皆さんから具体的なライフイベントやケースをお伝えしてください。

　お客様も、自分で発した言葉から展開した会話については、興味を持って聞いてくださいます。皆さんの新しい提案も受け入れられやすくなるでしょう。

第 3 章

保険加入の目的を
ハッキリさせる

1　お客様にとって
「役割のある保険商品」を提案し
「寸法」を決める

　お客様のライフプランが目に見える形になると、貯蓄計画とリスクマネジメントについて、具体的な金融商品を検討する素地ができると思います。

　第2章の「かんたんライフプラン表」のご家族の場合（64ページ）で、どんな保険提案ができるかを考えてみましょう。

　教育資金と老後資金については積立期間が十分ありますので、保険商品で資金をつくる提案ができそうです。

　教育費積立の定番であった学資保険や円建て低解約返戻金型終身保険は、保険料率改定により解約返戻率に魅力がなくなってきましたが、貯蓄と保障を兼ねる商品としては、メリットを感じられる方もいるでしょう。また、運用利率を重視される方には、代替商品としてラインナップが充実してきている外貨建終身保険を案内できるかもしれません。

　このご家族の場合、教育資金として今のところ50万円がストックとしてあるという状態です。今後、年間40万円を教育費のために積み立てていくことになりました。お子様の

教育費のピークまでに約800万円（お子様1人に400万円）を準備しておくことが目標です。

年間40万円をどのように運用していくのか、お客様と考え方を共有しましょう。保険商品と積立型投資信託をセットにする方法もあるかもしれませんし、予定より早く教育資金を利用することになった場合も考えて、一部はすぐに引き出せる定期預金に積み立てておくという考え方もあるかもしれません。

老後資金の準備については、金融機関で提案できる保険商品として個人年金保険や終身保険で積み立てていくことが考えられます。

また、2017年1月から、現役世代ならだれでも利用できるようになったiDeCoに興味を持っているお客様もいらっしゃるかと思います。拠出・運用・受取りの3段階で税制優遇措置が受けられるため、税金などに敏感な方はご自身でも勉強されています。お客様に聞かれたときにあわてないように、商品内容を押さえておいてください。

このご夫婦の場合、退職時期までに約2000万円をセカンドライフ資金として積立で準備したいとのことです。退職金を1500万円と見込んで、合わせて3500万円くらいあればまずは安心とのこと。積立金額は年間60万円となります（2000万円÷30年＝約60万円）。

お客様の中には、会社財形などを利用して貯蓄を始めている方もいますので、商品提案の前に現状を聞いてみましょう。なんとなく財形を始めたけれど、もっと他の金融用品を探しているという方も少なからずいらっしゃいます。

教育資金準備と同様に、老後資金積立についてどのように運用していきたいかを共有します。

このお客様の場合、セカンドライフまで30年はありますから、リスクを取った商品も提案しやすいと思います。

平準払い保険が一時払い保険と決定的に違う点は、平準払い保険の場合、今後の保険料の支払いと保険金額のバランスについて吟味が必要だということです。

どれくらいの額の保険料を、いつまで支払うことにするのかという視点で、平準払い保険の「寸法」を決めます。寸法が大きすぎると、将来的に支払いに窮してしまう可能性があります。寸法が小さすぎると、資金計画が目標に達しません。

この「寸法」を図る作業が「かんたんライフプラン表」の貯蓄計画の部分なのです。具体的に積立計画を表してみることで、お客様にとっても「商品ありき」の提案を受けるのではなく、自身の資金計画に合わせて金融商品を選ぶことになり、納得感が得られます。

この世代の保険相談では、子どもが小さいうちの夫婦の万

一のときの保障も気になるところです。生命保険の第一義は
万一のときの遺族保障です。

　必要な遺族保障額（生命保険の保険金額）は、お客様の家
族構成や収入、働き方、貯蓄余力などにより様々です。死亡
時の遺族保障額をお客様のデータから算出するソフトなどが
導入されていれば、それを利用して必要保障額を共有するこ
とで、生命保険に対する納得感を得られると思います。

　銀行窓販でも、保障性保険として掛け捨ての定期保険や収
入保障保険の取り扱いが増えてきています。若い世代のお客
様には「できるだけ保険にコストをかけたくない」という考
えの方も多く、貯蓄性保険だけではなく保障性保険のニーズ
も高いので、合わせて提案するとよいと思います。

　なお、医療保障のニーズが高まるポイントとしては、お客
様のご結婚やお子様の誕生が挙げられます。独身時代は自分
のことだけでよくても、家族を持つことにより、自身の健康
に対して敏感になるものです。病気や事故で働けなくなった
ら家族が困ってしまう。お客様は、そんなときに経済的な支
えとして保険を検討されます。

「かんたんライフプラン表」では、退職時期を分岐点とみな
して退職前を「就業期間」、その後を「年金生活」期間と分
けました。医療保障の必要性については、この分岐点の前後
で分けて考えてもよいでしょう。

就業期間中は、入院中の治療費だけでなく、長期間働けない（就業不能）状態になったときのリスクに対しても備えたいというニーズがある方もいます。一方で、就業期間中は子どものために手厚い死亡保障にしていたが、子どもが独立し、年金生活期間に入っていくときには、死亡保障よりも老後のための医療保障を充実させたいという方も多いです。

　何でも保険で備えれば安心かというと、そういうわけでもありません。支払い保険料との兼ね合いもありますが、お客様のリスクマネジメントの考え方や、重視したいことを共有することで、絞り込んで保険提案を行うことができます。

2 どのお金を支払い保険料に あてるのか

　お客様にとって保険に加入するということは、必ず保険料の支払いが発生するということです。今まで手元にあったお金がまとまって出て行ったり、今後の収入から定期的にお金が差し引かれたりすることになります。

　家計のお金の流れを客観視することは、意外と難しいようです。例えば貯蓄のある方ほど、毎月の保険料の支出をもったいないと感じられる傾向があります。おそらく、こうした方は今まで家計を締める生活習慣によって貯蓄を築いてきたため、毎月の支出については非常に敏感になっているのでしょう。特に、ランニングコストとなる平準払い保険の加入については、お客様にとって長い期間支出を強いられるイメージがあるようです。

　ただ、このようなお客様は、貯蓄の中からまとまってお金を支払うことには寛大だったりします。もちろん「お金を支払う価値があるか」ということの精査には時間をかけられますが、メリットがあると思えば、資金の移動についての判断

も早い傾向にあります。

　比較的資産のあるお客様に平準払い保険を提案して支払いを躊躇されている場合は、思い切って一時払いを提案してみてもよいと思います。**同じ役割をもった保険でも、平準払いなのか一時払いなのかで、お客様の判断が異なることがあります。**お客様の年齢層にかかわらず、こうした支払いの好み、金銭感覚をつかめるとスムーズな保険提案ができます。

　また、若いお客様に多いですが、現状まとまった資金のない方については、保険料の支払いは平準払いを選択することになります。この場合、支払い保険料については当然「できるだけ安くしたい」という希望が出ます。毎月の支払いが増えると、楽しみに使いたいお金が減ってしまいますからね。

　このとき、「お客様のどのお金から保険料を支払うのか」という視点で支払い余力を確認してみるのも一法です。

　保険料は定額で支払いますが、実は2通りの考え方があります。

　1つ目は、毎月のお給料から「フロー」の支出として支払うという考え方。

　2つ目は、毎月貯蓄を積み増している「ストック」の資金から支払うという考え方です。

　お客様は、自分の財布のどこからお金が出ていくのかということで、心理的に違う印象を持たれます。

第3章　保険加入の目的をハッキリさせる　　95

　個人年金を始めたい若いお客様を例に、具体的に説明しましょう。

　お客様は個人年金保険の加入を検討していますが、個人年金保険に支払える保険料はせいぜい毎月5000円であり、これ以上は難しいとのことです。

　ただ、ライフプラン上の貯蓄計画を聞いてみると、毎月5万円を定期預金に預けているそうです。このペースを崩したくないので、個人年金には5000円が限度だと感じています。

　毎月5万円の貯金は何に使う予定なのかをうかがうと、特に大きな買い物の予定などはなく、老後が不安なのでコツコツ貯めているとのことでした。そこで、「老後資金として貯めているお金から、個人年金保険料を支払うことにしません

か?」と、お金の流れの考え方を提案しました。「フロー」の支出という考え方を、「ストック」からの支払いという考え方にする提案です。

お客様は急に支払い保険料の感覚が変わってしまい、同じ目的で貯めるのだから毎月3万円くらいは個人年金保険に積み立ててもよいということになりました。

保険料を支払うと一言で言っても、お客様の頭の中では、どこからそのお金を支払おうかと考えが巡っています。保険料というものは、キャッシュフローから支払わなくてはいけないという固定観念を持っている方も多いです。

お客様と貯蓄計画を共有できていると、お金の流れの考え方を提案することができます。家計におけるお金の流れに関しては、お客様が固定観念を持ってしまっていることが、効率的な運用を妨げていることがあります。単なる商品の提案ではなく、こうした「貯める仕組み」の提案ができると、お客様にはメリットを感じていただけると思います。

3 「保険料が高い」という意味を 整理する

　保障性保険、貯蓄性保険をお客様のニーズに沿って複数提案したときに、お客様から最後に出てくる言葉があります。「毎月払う保険料を全部合わせると高くなってしまう。どれも必要性は感じるけど、保険料をもう少し下げられないものかな…」

　さて、どうやってお客様の希望に応えましょうか。

　方法はいくつかあります。

　まず思い浮かぶのが、お客様が検討しているいくつかの保険のうち、優先順位の高い保険にのみ加入するというやり方です。この方法でもお客様の納得感があればよいのですが、加入を見送ろうとしている保険にも本当は必要性を感じているという場合は、悩みどころですね。

　また、検討している保険にはすべて加入することにして、保険金額や給付金額を抑えて支払い保険料を調整する方法もあります。これも、お客様がよく選択される方法です。

　もしお客様が実際に支払いできない状況であれば、こうし

た方法で保険料を調整することも必要ではあります。しかし、資金（ストック）や収入から判断して、決して支払いが無理な保険料ではないと感じたときには、どうして「保険料が高い」と感じているのかを想像してみるとよいかもしれません。

　お客様から「保険料が高い」という言葉が出てきたら、お客様は何かと比べているはずです。比較対象は何でしょうか？

　今まで加入していた保険を見直すことになった場合であれば、旧保険料と新保険料を比べているということが想像できます。もしかしたら、会社の同僚や友人との保険談義で聞いた「お隣の保険料」と比べているのかもしれません。

　いずれにしても、保険の種類や保障内容を抜きにして支払い保険料だけ比べても、いくらが適正保険料なのかは判断できないはずです。

　このようなときは、支払い保険料を色分けして、もう一度お客様に提案するとスッキリしていただけます。簡単なやり方です。

　まず、今後支払う保険種類ごとに保険料を書き出します。

　あるご夫婦が、次の５つの保険を検討しているとしましょう。

1．生命保険（終身保険）	10000 円／月
2．生命保険（収入保障保険）	5000 円／月
3．医療保険（夫婦分）	6000 円／月
4．学資保険	10000 円／月
5．個人年金保険	20000 円／月

合計保険料は毎月5万1000円です。

家計の中からこれだけの金額が毎月決まって出ていくと考えると、保険料は高額に感じます。

でも、個々の保険商品はご夫婦にとって確かにニーズがあるものです。ここで、5つの保険の保険料について赤マーカーと青マーカーで色分けしてみます（ここでは、赤マーカー＝ 　　　、青マーカー＝ 　　　 で示します）。

赤マーカーは貯蓄性のある保険商品。すなわち、いずれは手元にお金が返ってくるものです。

青マーカーは掛け捨ての保障性商品。万一のときや入院した場合は、お金が支払われますが、そのようなことがなければ保険料は掛け捨てになるものです。

これによって色分けすると、次のページのようになります。

1. 生命保険（終身保険）	10000 円／月
2. 生命保険（収入保障保険）	5000 円／月
3. 医療保険（夫婦分）	6000 円／月
4. 学資保険	10000 円／月
5. 個人年金保険	20000 円／月

貯蓄性商品 （　　　　）：合計保険料　　40000 円／月
掛け捨て商品 （　　　　）：合計保険料　　11000 円／月

　このようにすると、5万1000円のうち4万円は、いずれ手元に戻ってくるもの、つまり積立の感覚で活用いただける保険だということがわかりやすくなります。それでも多いと感じられる場合には、そこで初めて、優先度の高い保険のみに加入したり、保険金額を抑えたりすることを検討してもらえばよいのです。

　もしお客様が今加入している保険と比べて保険料が「高い」と感じているのであれば、今の保険の内訳を色分けして、新旧の保険料を検証してもいいでしょう。

　支払い保険料の内訳を整理してお客様にお伝えすると、単に保険料が高い・安いということではなく、本当に必要かどうかという視点で選択と判断をしていただくことができます。

　また、家計簿をきちんとつけているお客様には、家計簿の

つけ方についてもお話をすることがあります。市販の家計簿には、支出の欄に「保険料」という項目があります。

この項目をそのまま利用し、保険料の全額を毎月ここに記入していると、時間がたったときに「保険料の項目が高いな。うちは保険料を払い過ぎているのではないか？」という感覚になりがちです。

そこで、先ほどの色分けの考え方が役に立ちます。支出の項目に記載する金額は、家計から出て行って戻ってこない保険料（　　　　）について記入してもらうようにします。そして、家計簿の貯蓄の項目に、ご自身で「貯蓄保険料」などという項目を作って、そこに貯蓄性商品に支払っている保険料（　　　　）の金額を記入するようにしてもらうのです（家計簿の見本は次ページ）。

お客様にとってのこの効用は、時間がたっても支払い保険料の役割を忘れないということです。

9 月の支出　　September

生活費

食費	円
日用品	円
交通費	円
レジャー・娯楽費	円
交際費	円
衣類費	円
医療費	円
教育費	円
	円
	円
	円
合計	円

固定費

住居費	円
電気代	円
ガス代	円
水道代	円
通信費	円
こづかい	円
保険料	11,000 円
社会保険料 （国民年金・国保）	円
	円
	円
	円
合計	円

ココには掛け捨ての保険料を記入

預貯金

いろは銀行	円
貯蓄保険料	40,000 円
	円
	円
合計	円

このような項目を作り、貯蓄性保険の保険料を記入

4 保険商品との 「長いお付き合い方法」を 提案する

　保険商品は、お客様にとって長い付き合いとなる金融商品です。

　お客様は加入時のライフプランを基に保険商品を選択されますが、時間がたつとライフプランが変わることもあります。家計の収入や支出が大きく変化することもありえます。

　特に、お客様の家計が収入減となったケースなどでは、固定費の削減について取り組まれる場合があるでしょう。保険料は毎月支出の固定費ですから、当然、見直しの対象になります。

　このときにありがちなのが、「支払いが厳しい」という理由で保険を解約してしまうことです。**解約は、リスクマネジメントとしての保障や、将来資金としての積立をいっぺんに放棄することになります。**

　お客様が保険解約を希望される場合、保険会社のカスタマーセンターへ連絡すると、解約以外の方法も電話口や書面で説明されます。しかし、熟考したうえで解約を決断された

お客様は、いくら説明を受けても、解約以外の選択肢が頭に入って来ないでしょう。

　しかし、解約によって当面の家計が楽になったとしても、本来必要な保障や将来資金のあてがなくなれば、結果的にお客様は損をすることになるかもしれません。お客様の利益を守るためにも、保険提案の際に、支払いに困ったときでも保険を活かす方法があることをご案内しておくべきだと思います。

　解約を考えたときに、お客様に思い出してほしい方法をいくつかご紹介します。

1．減額

　お客様と保険のお話をしているとき、「保険はやめなくても、保障を減らすことができますよ」とお伝えすると、驚かれることがとても多いです。お客様のリアクションとしては、「え〜、そんなことできるんですか⁉」というくらいの驚きです。

　実は、保険は一度加入したら、そのあとは続けるかやめるかの二者択一だと思っている方がほとんどです。ですから、支払いが厳しくなったとき、選択肢として解約しか思い浮かばないのだと思います。

　お客様が保険を減額された場合、支払い保険料は減額分抑えることができます。その分、小ぶりな保障にはなりますが、

残った部分は加入当初の条件のまま継続します。

　加入時には無理のない支払保険料であったり、余裕資金を預けたつもりだったものが、時間の経過でそうではなくなった場合の選択肢の１つです。

２．払い済み保険への変更

　貯蓄タイプの平準払い保険（終身保険や個人年金保険）は、支払いが厳しくなったときには払い済み保険に変更するという選択ができます。この払い済み保険については、新規加入時にお客様にお渡しする保険設計書や加入後に手元に届く保険証券に、「払い済み保険金額」として明記されていることも多いです。しかし、お客様には聞き慣れない保険用語ですので、設計書の払い済み保険金額を見ても、何のことかわからない方がほとんどです。

　特に、平準払いの払込期間が長いお客様には、支払いが困難になった場合、解約返戻金を求めないのであれば、保険料を支払わなくても保険の継続が可能であることをご案内しておきます。

　１の減額と同様、保障額は小さくなりますが、加入時にこの案内をしておくことで、お客様の将来の選択にも幅が広がりますし、今後の支払いについての不安も和らぎます。

3．契約者貸付制度

　契約者貸付についても、貯蓄性保険に加入されたお客様によく案内しています。

　これは、保険契約中にまとまった資金が必要になった際、解約返戻金の8割程度までを引き出すことができる制度です。あくまでも貸付となるので利息は取られますが、融資審査もなくまとまったお金が手元に入りますので、どうしても現金が必要になった際には利用しない手はありません。

　通常、カードローンなどでまとまったお金を借り入れると翌月から返済が始まりますが、契約者貸付の場合は、返済のタイミングや返済額のボリュームも自分でコントロールできます。利息が取られますので、ある程度の期間で返済のめどを立てたほうがいいですが、貸付を受けている間も、保険は継続します。

　今の60歳以上の方は、養老保険や終身保険などの貯蓄性保険に加入し、まとまった資金が必要なときには契約者貸付を利用していたという方も多いようです。家計にお金の問題が発生したときなどに、保険をセールスした担当者から逐一こうした方法を伝授されていたのではないかと感じます。

　銀行窓販で保険に加入した場合、保険会社のセールス担当者などに比べ、お客様は加入後の相談をしにくいかもしれません。保険加入時に、ある程度こうした知識を持っておいてもらうことも必要ではないでしょうか。

保険商品は、加入後もお客様の利便性に合わせられるよう様々なしくみが設けられています。

　しっかりライフプランを立てて保険に加入しても、現実はそのとおりに進む家庭のほうが少ないでしょう。ただ、せっかく加入できた保険を解約してしまうと、また改めて加入しようと思っても、診査が通らない可能性もありますし、保険料も上がってしまいます。

　様々な選択肢があるにもかかわらず、知識不足でお客様が損をするようなことがないように努めたいものです。

第3章の《有効な質問》

息子さんの保険料を負担しているお母様の思い

　第3章のまとめとして、お客様の「保険料」の考え方を共有することを目的に質問を重ねた例を挙げます。お客様は70歳の女性で、40代のご子息の保険についての相談です。
　パターン①では、お客様の顕在ニーズについて保険提案をしています。**パターン②**は、お客様の本当の問題点を潜在ニーズとして捉え、それを解決する提案ができた例です。

パターン①

お客様「息子の保険料が毎月2万円するんだけど、私が負担しているのよ。私ももう70歳だし、この先の支払いに自信がないから、息子の保険をもっと安いものに切り替えたいと思っているんだけど…」

銀行員「わかりました。毎月いくらの保険料ならお支払いできますか?」

お客様「そうね、1万円くらいになればいいかしら」

（約1万円の保険料で息子さんの保険プランを提案）

お客様「1万円になるのね…。でもこれもずっと払えるかしら？」

銀行員（希望通りのプランになっているはずなのに…。結局どうしたいのかな？）

パターン②

お客様「息子の保険料が毎月2万円するんだけど、私が負担しているのよ。私ももう70歳だし、この先の支払いに自信がないから、息子の保険をもっと安いものに切り替えたいと思っているんだけど…」

銀行員「わかりました。毎月いくらの保険料ならお支払いできますか？」

お客様「そうね、1万円くらいになればいいかしら」

銀行員「どうして息子さんの保険料をお母様が支払っているのですか？」

お客様「息子は子どもの教育費や住宅ローンを抱えて生活が大変みたいなのよ。息子が自分では払えないって言うから私が払ってるの。孫のことも考えると息子に保険は必要だし。今の保険は私がお付き合いのある人から入って、これまでずっとかけてきたのよね。この先の支払いも何とかしてあげたいとは思っているんだけど…」

銀行員「そうなんですね。保険料を１万円くらいに抑えるプランはご提案できますが、その金額ならお母様でも息子さんでも、今後の支払いは問題ないですか？」

お客様「１万円になっても息子は難しいかしら。私が払えるうちは払ってあげたいという気持ちもあってね」

銀行員「お母様がお支払いできるうちに息子さんの保険を一生涯分確保できるとしたら安心ですか？　今後年齢を重ねられると、毎月の支払いには限界がありそうですが、もしお手元にご資金があるなら、保険料を一括で払うという方法もありますよ。総支払額で比較すると、毎

月払いよりもお得になります」

お客様「そうなのね…。実は、500万円くらいなら息子のための準備があるの。何かあったときにと思ってね」

銀行員「そうなんですか。息子さん思いのお母様で、お子さんは幸せですね。では保険料を一括で支払える保険商品についてもご紹介いたしますので、ご検討されてみてください」

　この事例では、お客様の「保険料」に対する固定観念として「保険料は毎月払いである」というものがありそうです。
　第3章では、お客様が支払い保険料をどこから捻出するかを考えていただくことも大切であるとお伝えしてきました。お客様の顕在ニーズは「保険料を下げたい」ということでしたが、将来のことまで考慮すると、顕在ニーズに応えるだけでは問題が解決しないことが予想できます。
《有効な質問》を重ねることで、お客様はご自身の思いや保険に対する考え方を話してくださいます。お客様の潜在ニーズを捉え、保険の悩みの解決ができれば、成約の可能性も高まります。

第4章

ファーストニーズから
潜在ニーズを
掘り起こす

1 住宅ローンの団信とは 切っても切れない縁がある

　金融機関で保障性保険をお客様にご案内するとき、とても相性が良い商品は住宅ローンです。

　金融機関で働く皆さんにとっては「住宅ローン＝団体信用生命保険（団信）」というのは当然の認識だと思いますが、ローンを組むお客様は「団体信用生命保険に加入していただきます」という説明を受けて初めて、「住宅ローンを組むときに、生命保険にも加入するんだ」ということを知る方がほとんどです。ここで、ご自身が加入されている生命保険についても意識されることがあります。

　団信は、被保険者（債務者）の死亡時に保険金で住宅ローンの残債を相殺するという保障が基本です。

　団信には「3大疾病保障特約付き」「7大疾病保障特約付き」といったタイプもあり、被保険者が生存していても一定の状態になれば、住宅ローンが支払い免除になる商品も多くなってきました。一例として、「3大疾病保障特約付き」の場合は、がん・急性心筋梗塞・脳卒中が原因で一定の要件に該当した

場合、残りのローンの支払いが免除されます。また、最近は、がんと診断されただけで残債がゼロになるタイプも増えてきました。

　各金融機関により、支払い免除になる事由についてもバリエーションが実に豊富になり、高額な借り入れをするお客様の不安からニーズをつかんだ内容がラインナップされています。お客様が住宅ローンを組む金融機関を検討される際、金利だけでなく、団信の内容を重視される方も多くなってきたように思います。

　一般的に、団信の保障を厚くする場合は、その分住宅ローンの金利が上乗せになり、お客様にとっては住宅ローンの支払い金額が増額となります。それにもかかわらず、**団信の保障内容にこだわるお客様は、保障性保険のニーズも高い**といえるでしょう。

　お客様によっては、団信の保障を厚くすることと、民間の保険で保障を確保すること、どちらがよいのか考え方を求められる場合があります。例えばこんな質問です。

「がん診断時支払い免除付きのローンにした場合、今加入しているがん保険をやめてもいいですか？」

「住宅ローンに付随している就業不能状態保障の金利上乗せ分と、同じような保障の生命保険の保険料ではどちらが安いでしょうか？」

どちらもお客様の素朴な質問ですが、皆さんはどう答えますか？

質問が出てきた状況により回答も異なりますので、必ず正解という答えはないと思いますが、お客様は納得のできる「考え方」を聞きたいと思っています。

まず、1つ目の質問については、債務者の方ががんに罹患したときの家計への影響を考えます。

がん診断により住宅ローンは免除されますが、一般的にはプラスの治療費が給付されるわけではありません（最近ではがん治療給付金付き団信も一部あります）。

毎月10万円のローン支払いの場合、ローンが完済されればその金額が家計から浮きますから、その分をがんの治療費にあてれば、民間のがん保険は不要になるという考え方もできます。

しかし、住宅ローンの債務者となる方は、一家の大黒柱である場合がほとんどです。がんの闘病により、収入が減ってしまうことに対する収入補填としてがん団信をとらえると、治療費に対する資金が不足するかもしれません。治療費の捻出のためには、がん保険があったほうが安心です。

また、現在加入中のがん保険を解約してしまった場合、例えば50代以降になってもう一度がん保険に加入したいと思

うと、保険料も高くなってしまうでしょう。

　２つ目の質問では、お客様としては就業不能状態への保障が気になっているものの、保険として備える場合のコストを気にされています。

　医療技術が進歩した現在では、「たとえ死ななくても、事故や病気で仕事ができず、収入がなくなったらどうしよう…」という不安を持たれる方が多くなったように感じます。家族を養えず、ローンの支払いも残る状態を想像すると、大黒柱のご主人はゾッとするのでしょう。

　就業不能状態になった場合は、死亡・高度障害時と同様にローンの返済を免除してもらいたいと望まれる気持ちもよく理解できます。就業不能状態も保障する団信を検討される場合は、ローンの金利上乗せで保障を持つのか、同種の生命保険も検討の余地があるのか、情報収集されたいと望まれることでしょう。最近は、生命保険会社も「働けなくなったら」をコンセプトにした保険のラインナップが増えています。

　お客様からこの種の保障について商品比較や質問を受けた場合は、お客様にとっての必要性を確認しましょう。

　まず、ご検討される団信の保障・就業不能保険が、どのくらいの状況で給付金や保険金が支払われるものなのかを確認します。「就業不能状態が○カ月以上継続した場合」など、

給付にあたっては細かい条件が定められています。

　次に、支払い基準となっている状況になったと想定したときに、保険以外でも給付を受けられる可能性がないか考えます。例えば、会社勤務の方なら健康保険からの傷病手当金がありますし、回復が見込めないとなれば、障害年金を受給できる可能性もあります。

　また、ドライバーや建設業に従事されている方の中には、仕事中の事故が原因で働けなくなった場合を想定して保障を望まれる方もいらっしゃいますが、労災保険の適用になる可能性が高いです。

　あくまでも、社会保険制度では補えない部分について、自己負担で保障をかけることが基本です。情報提供を行うのであれば、保険の保障内容だけでなく、基本的な社会保障制度についてもお話しできるとよいでしょう。

2 団信加入と生命保険の関係、繰り上げ返済とのバランスは？

　住宅ローンを組むお客様からの保険相談では、債務者となるお客様とそのご家族の死亡保障の必要性が話題になります。団信に加入することで、加入中の生命保険について意識する方も多く、お客様からするとホットな話題といえるでしょう。

　お客様の考え方としては、「新たに団信に加入するのであれば、今加入している生命保険を減額して、家計を節約できるのではないか」ということがあります。このような質問が出てくれば、保険証券など、現在加入中の保険の内容がわかるものをお持ちいただき、保障内容や必要保障額を確認する保険相談を行うことができます。

　ただし、実際、このような疑問を持たれているお客様の保険証券を確認すると、そもそも死亡保障が少額で、団信だけでは万一の保障は足りないという結論になることも多くあります。特に、独身時代や若いときに、貯蓄型の保険（終身保険や養老保険）に加入されている方は、保険金額を200万円〜300万円に設定されていることが多く、住宅ローンを

組むときには結婚してお子さんが産まれているような状況なので、保障は不足しがちです。

住宅ローンを組むまで、死亡保障については見直しをしたことがなく、必要保障額について考えたこともない、といったお客様の場合は、1章、2章で解説したような、生命保険のキホンのしくみから知ってもらい、今後のライフプランについて一緒に考えていくのがよいでしょう。

私が銀行窓販を担当していたときも、「生命保険を減額できるのではないか」と相談に来られたお客様が、必要な保障を見直し、遺族保障のための保険に追加加入するというケースがありました。

また、保険相談であっても、住宅ローンの繰上げ返済の効用について意見を求められることもあります。

住宅ローンを組むとき、できるだけ早く繰上げ返済しようと考えているお客様は多くいます。そのほうが住宅ローンの総支払額が少なくなりますし、老後に借金がないほうが、精神的に安心できる状況になるからでしょう。

とはいえ、万一のときには団信で完済されるのだから、住宅ローンを返済している間はその分の保障を確保できる、したがって早々に返済しなくてもよい、といった考え方もあります。

第4章　ファーストニーズから潜在ニーズを掘り起こす　121

「できるだけ早く住宅ローンを返してしまいたいけれど、そうすると団信もなくなっちゃいますよね…。だけど借金はないに越したことはないし、とにかく繰上げ返済を頑張ったほうがいいですよね？」

　お客様からこんな質問があったら、どうアドバイスしましょうか？

　こうしたとき、お客様のライフプランのうちの「貯蓄計画」が共有できていると、その方に合ったアドバイスができます。というのも、繰上げ返済を強く希望されているお客様の中には、現預金（ストック）が頭金などでほとんどなくなってしまった方や、今後の貯蓄計画を聞くと、現金預金はほぼ繰上げ返済に回す予定だという方も少なくないからです。繰上げ返済を最優先にし、手元に流動性資金がない状態で完済まで

頑張るつもりなのでしょう。

このような場合は、ご家族状況にもよりますが、繰上げ返済に根を詰めないアドバイスをします。いくらローンが早く減っていっても、常に家計が逼迫していては、いざというときにすぐ破綻してしまうからです。

「繰上げ返済なんて、保険には関係ない」と思わないでください。保険商品の提案には直結しないかもしれませんが、**住宅ローンの繰上げ返済の話題が出たときは、お客様にお手元のご資金の状況や今後の貯蓄計画をすんなりお聞きすることができます。**

保険提案は、お客様の貯蓄計画やライフプランを把握した後のほうが、保険本来の「不足部分を補う」という意味も含めて、納得感のある提案になります。住宅ローンにからめた保険相談では、**一見保険とは関係のないことに対して意見を求められたり、話題が保険提案から逸脱したりすることもありますが、こうした話題のほうが、かえって自然にお客様のライフプランを聞き取れることも多いものです。**

お客様は、ご自身の思いを皆さんが受け止めてくれた、ちょっとしたモヤモヤ感を払拭してくれたと感じると、今度は皆さんの話を聞こうとしてくれます。保険についてのアドバイスにも、前向きに耳を傾けていただくことができるでしょう。

3 一色弁当より 幕の内弁当のほうが 満足感があるでしょう

　ここまで、住宅ローンにからんだ保険提案のお話をしてきました。住宅購入は、お客様のライフイベントの中でも大きな出来事です。まとまったお金も動きますし、長期にわたる返済を想定して家計を見つめ直すきっかけになり、保険提案とも相性が良いため取り上げました。

　住宅ローンに限らず、金融機関には様々な金融商品があります。そしてお客様が金融機関を利用される場合、何かしらファーストニーズがあります。

　最近はネットバンキングやコンビニのＡＴＭなどを利用する方も増えていますので、何らかのニーズを持って金融機関にご来店いただけるのは貴重な機会です。その機会を逃さず、お客様の満足度を高める提案ができるといいですよね。

　お客様のファーストニーズとして考えられるのは、
「まとまった資金を預けたい」
「退職金を運用したい」
「家のリフォーム資金を借り入れたい」
「保険商品に興味がある」

といったものです。

　まずは、お客様のニーズに合わせて各部門の担当者が話を聞き、それに沿った商品をご案内します。お客様も、自分の聞きたいことが聞ければ、そこそこ満足いただけるでしょう。

　ただ、これで終わりにしてしまうと単品の提案になります。お弁当でいうと、ご飯に梅干しがのっているだけの一色弁当であっても、お腹に入れば一応満たされる——というイメージでしょうか。

　しかし、やはり皆さんには、もう一歩上の提案を目指してほしいと思います。

　例えば、リフォーム資金の相談に来たお客様に、突然保険商品を案内してもニーズを満たせる可能性は低いかもしれませんが、「まとまった資金がある」「退職金を運用したい」といったお客様には、潜在的な保険のニーズがあるかもしれません。

　退職金の運用相談の事例で考えてみましょう。

　定年退職で1000万円の退職金が入ったお客様が、少しでも有利に運用したいと相談に来られました。お客様は、毎月分配型の投資信託が気になっているようです。

　ここでは、どんな提案が考えられるでしょうか？

　すぐに分配型投信のラインナップを提示し、お客様の希望を聞いてその中から選択してもらう、または、ひとまず退職

金用の特別金利の定期預金を案内し、「定期の満期が来るまでに、運用先を考えましょう」という提案をすることが思い浮かぶでしょうか。場合によっては、一時払いの終身保険も提案できるかもしれません。

　ここで、金融商品を提案する前に、お客様から退職後の生活のイメージを「ライフプランの3つの柱」に沿って聞いてみてください。
　具体的には、
「再就職を検討しているのか」
「退職金以外のストックや、今後の支出の見通しはどうか」
「資産全体の運用のバランスをどう考えているのか」
「病気、介護についてのリスクには備えができているのか」
「資産を残したい家族がいるのか」
「住宅ローンは残っていないのか」
　といったことです。
　かんたんライフプラン表を活用して、お客様の今後の収支を少しリアルに「見える化」してあげるのです。
　すると、お客様には「有利に運用したい」というファーストニーズがある一方で、「万一のときにはお子様に資産の一部を残したい」という希望もあることが見えてくるかもしれません。であれば、平準払い終身保険も選択肢に上がってくるでしょう。

また、今の生命保険に特約として付帯している医療保障が一生涯ではない場合は、今からでも終身タイプの医療保険を検討していただけます。不動産も含め資産全体が見えれば、相続対策が必要かどうかもおおむね判断できます。

　このお客様には、分配型の投資信託だけでなく、平準払いの終身保険と夫婦の医療保険を提案することができそうです。もし、住宅ローンの返済がまだ残っているのであれば、借換えの提案もできるかもしれません。そうなると住宅ローン担当者へトスアップです。

　このお客様にとって相談の入り口は、退職金の一部を何か良い金融商品で運用したいというニーズでしたが、金融機関で取り扱っている商品から、幅広く自分に合わせてカスタマイズしてもらえたという満足感は、感動になり得ます。

　お弁当の例でいえば、ふたをそろりと開けてみたとき、おかずが豊富で好みに合っていて、しかもちょっとしたデザートつき…という幕の内弁当のほうが、一色弁当よりもお客様の満足感は高いということです。

　このように、何か金融商品の相談をしたいというファーストニーズのあるお客様は、実は自分の資産についての幅広いアドバイスを希望されているということが多くあります。ファーストニーズだけに捉われず、お客様に多種の金融商品

の中から選択してもらうことで、リスク分散を図りながら納得感のあるお金の運用をしてもらうことができるでしょう。

　ただし、バラエティに富んだおかずが入った幕の内弁当であっても、嫌いなおかずが大半を占めていれば、お客様は途端に食べたくなくなります。皆さんには、お客様の好きなおかずがたくさん入ったお弁当を提案してほしいと思います。

　では、どうすればお客様の好きな（多分好きだろうと思われる）おかずをラインナップすることができるでしょうか。

　それにはやはり、お客様のファーストニーズからライフプランをヒアリングすることで、お客様のニーズを広く捉えることが重要です。《有効な質問》でお客様の潜在ニーズを掘り起こすことができれば、提案の幅は広がっていきます。

第4章の《有効な質問》
住宅ローン担当者からのトスアップを次につなげるには

　第4章では住宅ローンと保険商品の関連について話を進めましたので、この《有効な質問》のスクリプトは、住宅ローン担当者から保険相談へのトスアップ事例とします。

パターン①

銀行員「この度は当行の住宅ローンをお申し込みいただき、ありがとうございます。担当の者より、団体信用生命保険についての説明を受けられたかと思いますが、お客様は現在、生命保険に加入されていますか？」

お客様「そういえば、就職したときに会社に出入りしている保険会社の人から加入して、今もそのままです」

銀行員「そうですか。住宅ローンには団体信用生命保険がついているので、今の保険を見直すにはとてもいい機

会ですよ。当行では週末保険相談会を実施しています。次のお休みの日にでも予約をお取りしましょうか？」

お客様「いや…。しばらく仕事も忙しいので、またそのうちお願いします」

パターン②

銀行員「この度は当行の住宅ローンをお申し込みいただき、ありがとうございます。担当の者より、団体信用生命保険についての説明を受けられたかと思いますが、お客様は現在、生命保険に加入されていますか？」

お客様「そういえば、就職したときに会社に出入りしている保険会社の人から加入して、今もそのままです」

銀行員「どのような保障内容か覚えていらっしゃいますか？」

お客様「いやー、覚えてないな。でも毎月、給与から1万3000円引かれていますよ」

銀行員「今回の住宅ローンのお借り入れによって、お客様の死亡保障が付帯されることになりますが、生命保険はいままでどおり継続されますか？」

お客様「見直しをしたほうがいいのかな？」

銀行員「そうですね。ご加入も随分前のようですし、ご家族が増えてお家も購入されたわけですから、現状に合っているかどうか確認されてもよいタイミングですね。保険証券はご自宅にありますか？」

お客様「多分とってあると思うけど…」

銀行員「保険証券をお持ちいただければ、保障内容や団信とのバランスの確認も含めて、見直したほうがいいかどうかをお話しできますよ。住宅ローンのご返済と生命保険料の支払いは家計の固定費になりますから、ご家族の保険も含めて、トータルでお考えになったほうがいいでしょう。次回、当行にいらっしゃる際に保険相談のお時間をお取りしましょうか？」

お客様　「では、次回は保険証券を持参します」

住宅ローンを組まれたお客様は、家計における固定費や、家計全般の支出について考えている場合が多いものです。毎月の保険料は代表的な固定費の１つですので、このタイミングでの声かけは、お客様にとっても自然な流れになります。

パターン①のような展開はよく見られますが、「保険を見直すべき、見直しましょう」といった伝わり方になると、お客様は「何か勧誘されるかも…」という不安を持たれ、次回のアポイントについても消極的になります。あくまでも、団信を含めた保障内容が適切かどうかを確認し、家計を考えるための保険相談であることを伝えてください。お客様自身に、「次回は保険証券を持参します」と言葉にしていただけるとベストです。

保険相談にあたっても、こちらから商品をすすめるスタンスではなく、お客様の考えや現状についての質問を重ねることを意識してみてください。

第 5 章

保険相談から
自行のファンを増やす

1 お客様の生の声を 聞いたことがありますか？

　ここでは、金融機関を利用されるお客様の本音についてお話しさせてください。

　まず、金融機関を利用されるお客様の大半は、皆さんをとても信頼しています。別の用事で来店されたのに、何かのきっかけで皆さんが保険を案内したとしても、疑うことなくすんなりと話を聞いてくださることが多いでしょう。

　金融機関以外の場所では、保険の話を聞いていただくところまでもっていくのはかなり大変です。例えば、ショッピングモールなどの保険ショップの販売員に不意に声をかけられても、「そうですか、興味はないけど、とりあえず話を聞きまっしょう」とはなりません。職場に訪問している大手生保レディーさんからの勧誘なども、正直わずらわしく感じている方が多いと思います。

　お客様は、皆さんから保険商品の提案について声をかけられた場合、金融機関であるという信頼感と、金融機関で販売されている商品に対しての期待感を持っています。銀行窓販では、お客様の心理的な壁が低いところに大きなアドバン

テージがあるといえます。

ただ、せっかくアドバンテージがあるのに、保険商品の内容説明に終始してしまったり、真のニーズを聞き取れなかったりで、それを台無しにしてしまっているケースも多いように感じられます。

皆さんが提案した保険商品について、お客様は「良さそうな保険だとは思ったんだけど、とても強くすすめられたのでなんだか不安になった。他でも話を聞いてみよう」と、他の金融機関や保険代理店に足を運んでいることも事実です。

せっかく話を聞いていただける土俵があっても、求められている提案ができず、お客様が他のところへ移ってしまっては、お互いにもったいないですよね。

お客様が銀行窓販で保険をすすめられても、即断できない理由はいくつかあります。

私がセカンドオピニオンとして相談を受けたときに、お客様から実際にお聞きした声を紹介します。

1．短時間で複数の商品をすすめられたが、内容が理解できなかった

2．すすめられた保険が今の自分に合っているのか、納得できなかった

3. 良い商品だとは思ったが、同種の保険で違う保険会社の商品も比較したい

　3の他社商品との比較については、金融機関で扱っている範囲の中では限界がありますが、他の意見については、工夫次第で解決できることがあるのではないかと思います。こうした意見が出る原因は、保険提案にかける時間にもありそうです。

　具体的にお話しすると、1の意見のお客様の場合は、ある銀行で医療保険、がん保険、終身保険、個人年金保険の提案を受けたとのことでした。約1時間の提案時間だったとのこと。提案書をもらってそれぞれの商品の説明を受け、あとは、自分でジャッジするしかなかったそうです。

　家に帰って4つの提案書の保険料を足してみたら、とても支払いができる金額ではないので、どうしたらよいものかと悩んでいました。もしお客様のニーズを聞く時間を十分に取っていれば、お客様も必要な保険商品を選択して加入されたかもしれません。

　また、2の「自分に合っているかどうか納得できなかった」というご意見のお客様は、生命保険（死亡保障保険）の提案を受けた際に、保険金額1000万円の設計書を出されたそうです。

「どうして 1000 万円なのですか？」と行員さんに聞いたところ、お客様の年齢だと妥当な金額であるとの回答だったそうです。その方は独身だったため、保険金額とその説明に納得感を持つことができず、「検討します」と答えて帰られたとのことでした。

保険の相談をされるお客様は、「一般的な話」を聞きたいわけではありません。銀行窓販の現場では、「一般的には…」「多くの方は…」といった言葉を聞くこともよくありますが、そうした言葉を多用しても、お客様の納得感は得られないでしょう。お客様は、「自分にとって」どうなのか、ということを気にされています。

今までの銀行窓販での金融商品販売手法は、定期預金から投資性商品や貯蓄性保険商品にお客様の資産を振り替えていただくという提案スキームでした。よって、提案したい商品のパンフレットなどを渡し、その説明をするだけでよかったかもしれません。

これからの保障性保険の販売については、解約返戻金の利率のみでお客様にアピールすることはできないでしょう。基本的な保障に対してのお客様のニーズを顕在化させることで、初めて保険商品の価値を考えていただけることになると思います。

2 優秀な保険代理店は リピーターで成り立っている

　ある銀行員の方の、こんなつぶやきを聞いたことがあります。

「保険で固めると、次がないからね。だから保険販売にはあまり前向きにはなれないんだよね」

　お客様のまとまった資金の預け先を保険商品にすると、満期まで少なくとも３年から10年くらいは資金を寝かせる（固める）ことになる。投資信託などの商品ならタイミングを見計らって別の商品を紹介し、短期間で新規契約を再取得することもできるため、できるだけ保険で固めたくないという趣旨のつぶやきでした。

　これは、果たして正論なのでしょうか？

　こうしたつぶやきが出る背景には、営業担当者がお客様の自行預かり資産のみに焦点をあて、その資金しか見ていないということがあると思います。

　お客様が皆さんの提案に納得されて保険に加入し、信頼関係が築けていれば、他行で満期になった資金の預け先についても相談に来られます。決して、「保険は次がない」という

ことはありません。

金融機関ではすぐにお客様の自行預金残高がわかるため、その資金に対しての提案という定石があります。しかし、お客様は他行預金のほか、有価証券、保険商品など、様々な形で資産を持たれている可能性が高いわけです。**しかるべき時期が来れば、運用を再度検討することもあるでしょう。そのときに、リピーターとして相談に来てくださるかどうかが肝心**です。

保険のみを専門で扱っている保険代理店は、意外とリピーターで成り立っているものです。自動車保険などには更新がありますから、リピーターで成り立って当然と思われるかもしれませんが、生命保険の分野でも、優秀な代理店はリピーターのお客様からの相談が多いものです。

例えば、最初の相談で終身保険のみに加入したお客様が、しばらくして個人年金や医療保険を検討したいと相談に来られるケースはよくあります。また、はじめは少額の資金で貯蓄性保険に加入された方が、しばらくしてまとまった資金ができたとき、今度はどうすればよいかという相談に来られたりもします。

医療保険についても、終身タイプで加入されたお客様が、数年たつと最新の医療保険の情報を求めに来店され、そのときのニーズに合った商品が発売されていれば、掛け替えを希

望されることがあります。

　金融機関であっても、こうしたリピーターを生むことは可能です。例えば、住宅ローンを組んだ際に保険の相談をし、生命保険に加入したお客様が、その後お子様が増え、「保険はこのままで大丈夫だろうか」と相談に来られることもあるかもしれません。

　もし初回相談時に保険の契約まで至らなくても、ライフプランを共有し、お客様が納得されるような提案が一度でもできたなら、お客様の記憶の中に「保険について親身に相談にのってくれた銀行」という良いイメージが残ります。必要なときには、お客様のほうから声をかけてもらえるでしょう。

　保険については、その時点での成約のみに翻弄されず、将来のリピーターの種をまく地味な活動も必要です。これが、長い目で見ると金融機関の生産性につながってきます。

　また、お客様のニーズに合った商品を提案できると、ご家族を連れて再度相談に来られ、追加の契約をいただくことも多いです。同じ保険商品を求められる場合もあれば、連れて来られたご家族のために何か良い商品がないかという相談の場合もあります。

　お客様が保険について考えられるときは、自分自身のことだけではなく、家族のことにも思いを馳せるものですから、

第 5 章　保険相談から自行のファンを増やす　　141

ご家族の保険についての追加相談はよくあることです。ご家族との取引がまだないときは、新規口座の獲得にもつながります。

　一度保険商品を販売してしまうと、そこで今後の取引が冷えてしまうという考え方は、了見が狭いように思います。お客様のライフプランをお聞きし、納得感のある金融商品提案ができていれば、自然と皆さんの前にお客様のご資金が集まってくるのです。
　ライフプランを共有し、時間をかけて提案するのは手間がかかって面倒だと感じられるかもしれませんが、長い目で見れば、生産性の高い仕事になります。

3　評価制度で結果は変わる

　ここでは、ちょっと目線を変えて、金融機関の評価制度について考えてみます。本書を読んでくださっている読者の皆さんの中には、管理職の立場の方もいらっしゃると思いますので、少しでも参考になればと思います。

　どんな会社にも、一定期間での売り上げ目標や予算があります。
　金融機関でも、本部から支店予算が下りてきて、支店では管理職がそれを職種に合わせた個人予算に割り振ることがほとんどだと思います。個人予算を割り振られた部下たちは、自己努力で予算達成を目指します。予算達成できるか否かで、今後の職級や給料にも影響が出ることがあるでしょう。

　私が金融機関で保険販売をしていたときに感じたことは、銀行員の皆さんは、個別に営業活動をしているということでした。個別に与えられた売り上げ目標には関心があっても、支店の生産性には関心がありません。ただ、これは一営業担

当者としては、当たり前の感覚かもしれません。

支店の最適化をマネジメントするのは、管理職の役割になります。

ただ、営業の個人成績のみを足し算しても、すぐに限界が見えてきます。

分野の異なる金融商品を複数販売するクロスセルについても、営業担当者の個人プレイで複数販売をノルマ化しているのが現状ではないかと思います。営業担当者1人に対してお客様が1人、という専任制のイメージです。

支店内での生産性を追うのなら、営業担当者複数にお客様が1人、という構図を作ってみるとより多くのクロスセルが可能になると思います。

営業担当者複数といっても、1人のお客様を営業担当者が3人、4人で取り囲んで相談をするというわけではありません。お客様にとって、ローン担当者、保険商品担当者、資産運用担当者というように、その分野に詳しい担当者が複数いる状態にするということです。

お客様からしても、これだけ多種多様な金融商品を、1人の営業担当者がすべて深く理解しているとは思ってはいません。ですから、行きつけの支店に分野ごとに詳しい担当者が複数いてくれるほうが、信頼感が高まることもあります。さらに、その担当者がお客様の意向について情報の連携をしてもらえていると感じると、もうよその金融機関に行こうとは

思わないでしょう。

　お金の相談ができる人というのは、なかなか周りにいない
ものです。金融機関に行けば、いろいろなお金の相談に乗っ
てもらえるというワンストップ化が実現できれば、お客様に
とっては非常に心強いものです。

　営業担当者がそれぞれバラバラの動きをし、個人の成績だ
けを気にしていては、こうした連携を行うことはできません。
課・係間の垣根を越えた連携のために、そうしたことがしや
すい環境をつくるのも管理職の役割です。

　その一環として、評価制度の見直しを提案します。

1．営業担当者個人の目標

　モチベーションの維持やスキルアップの源になりますので、
個人目標の達成率を見ることは、やはり必要だと思います。
そのうえで、2、3のような要素も、評価の対象にします。

2．支店内トスアップ件数

　住宅ローン窓口から保険相談へ、預金窓口から資産運用相
談へ、資産運用窓口から住宅ローン相談へなど、どれだけ支
店内でトスアップが実行されたかを評価します。これにより、
支店内クロスセルの母数が上がることになります。また、ト
スアップを受けた相談が成約になることで、プラスの評価を

設けてもよいかと思います。質の高いトスアップを目指すモチベーションとなるでしょう。

3. プロセス評価（成功事例の共有）

　トスアップによりクロスセルにつながった好事例が出たときには、プロセス評価があってもよいと思います。トスアップした人と、トスアップを受けてクロスセル成約ができた人の両方の連携があって初めて、お客様満足にもつながり、成約に至っているはずです。結果だけの評価ではなく、プロセスについても共有するべき成功事例であるかどうかの判断をし、良い事例の場合は評価に結びつけていくと、同様の事例が多く出てくると思います。

　営業担当者の個人目標だけになると、個々の担当者は自分の数値目標だけに邁進することになります。**評価につながらない付属的な業務を付加しても、進んで時間やエネルギーを費やす人はいません。**トスアップの指示を出しても、支店内生産性の向上を説いてみても、単なる指示では右の耳から左の耳に抜けていくだけです。

　どんな業種であっても、ワンマンプレーよりもチームプレーのほうが、会社や支店の生産性は上がるものです。金融機関でも、チームプレーで生産性を高めるには、評価制度について試行錯誤をされるとよいと思います。

私が金融機関の窓販に関わっていたとき、営業担当者の皆さんは、常に評価制度を意識しているという印象がありました。セールス方針の転換などで評価制度が少しでも変わると、販売姿勢もガラリと変わるという場面も多く目にしました。

　管理職の皆さんには、お客様にとってもプラスになるような評価制度を、ぜひ検討してほしいと思います。

第5章 保険相談から自行のファンを増やす　147

第5章の《有効な質問》
どうすれば
《有効な質問》ができるのか

　第4章までの章末で《有効な質問》事例を紹介しました。
　ここまで読んでくださった皆さんからは、
「お客様に質問をすることが大事なのはわかったけど、具体的に何を聞けばいいのかわからないな…」
「実際の会話はこんなにうまくいかない。会話の中でとっさに次の質問なんて考えられないし…」
　といった声も聞こえてきそうです。
　ここでは、どうしても会話がうまくいかないという皆さんのために、どのようにすれば《有効な質問》を繰り出すことができるのかということをお伝えしたいと思います。

　まず、第1章と第3章のお客様とのやり取りを思い出してみてください。
　パターン①の「銀行員」はお客様のご希望をちゃんと聞いて保険の提案をしたはずですが、お客様からの良い反応はなく、むしろ保険に対して否定的なリアクションを引き出してしまっていました。なぜ、お客様の「ご希望」に沿った保険

商品を提案しているのに、お客様の納得感がないのでしょうか？

　それは、お客様は本当の欲求を最初に語らない場合があるからです。
　お客様は"素人"です。自分の希望を聞かれても、何を言えばいいのかわからないのです。では、皆さんはどのような姿勢でお客様の希望をくみ取ればいいのでしょうか？

　本書で一番お伝えしたかったことは、お客様の第一声＝「顕在ニーズ」から、お客様が本当に達成したいこと＝「潜在ニーズ」を引き出す姿勢です。

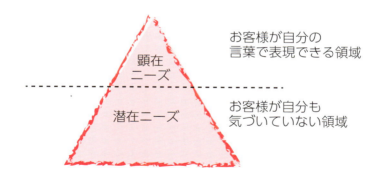

　《有効な質問》を重ねることで、お客様自身に本当の希望（＝潜在ニーズ）にたどり着いてもらうことができます。
　では、具体的に《有効な質問》を作る方法についてお話し

します。

　まず、お客様の第一声の中から「キーワード」を見つけます。
　その「キーワード」について、「なぜ？」「どうして？」と
いう疑問文をつくり、質問を投げかけてみます。これがスター
トです。
　その後も、キーワードを拾って質問を投げかけるというこ
とを繰り返します。

　例えば、第1章の《有効な質問》の中で、お客様は「掛け
捨ての医療保険はもったいない」とおっしゃいました。この
言葉を聞いたとき、皆さんの思考はどのようになるでしょう
か？
「AタイプでないのであればBタイプを提案しよう（＝掛け
捨てが嫌なら、掛け捨てじゃないものを提案しよう）」とな
りがちではないでしょうか。
　ここで、お客様の言葉に対して「どうしてそう思ったの
か？」という思考を持つことが《有効な質問》の始まりです。
そうすることで、お客様が本音を語り始めます。
　この事例ならば、「どうして掛け捨てが嫌だと思うのか？」
「なぜ『もったいない』と感じていらっしゃるのか？」とい
う点に注目する必要があります。
　お客様の本音が出てきたら、それを具体的な希望に落とし

込んでいきます。

　保険商品であれば、本当は何に対する保障が必要なのか、どのくらいの保障の大きさを求めているのか、いつまでその保障を維持したいのか、などです。

　最後に、実際にお客様への質問をする際、皆さんに気をつけていただきたいことを１つお伝えします。

　それは、《有効な質問》と「尋問」の違いです。

《有効な質問》は、お客様の言葉をより深く理解しようと努める質問です。質問者は、どのような回答がお客様から出てきても受け入れることができます。

　そして、お客様自身も、自分の発した言葉によって、自分の欲求に気づくことができます。

「尋問」は、質問者が回答を想定している質問です。

　誘導尋問のように、最初から決まった答えを導こうという姿勢で質問をしていることはないでしょうか？

　時にお客様は、期待する回答を返してくれるかもしれません。

　しかし、時間がたつと、なぜそのような回答をしたのか、お客様自身が忘れてしまいます。

　保険窓販の現場でありがちなことですが、お客様が納得し

て契約されたように見えても、後になって、なぜその商品を購入したのか納得感がなくなってしまうということが起こります。

《有効な質問》は、一朝一夕には身につきません。
　大切なのは、《有効な質問》の引き出しをいかに増やすかです。

　私の考えですが、「問い（質問）」は対象への興味から湧いてくるものです。保険提案であれば、お客様への興味から《有効な質問》が湧いてくるものだと思います。
「お客様は保険に何を求めているのか？」
「誰のために保険に入りたいのか？」
「今後の人生にどんなことを望んでいるのか？」
　──こんなふうに興味を持ってお客様に質問ができれば、自ずと提案の糸口が見えてくると思います。
　顧客本位の原点もここにあるのではないでしょうか。

あとがき

　第1章で、私は皆さんに、「保険を販売することに対してストレスを感じていませんか？」と投げかけました。確かにそうだ、と感じてこの本をここまで読み進めてきてくださった読者の皆さんに感謝します。

　皆さんとしては「この一言で一発成約！」といったノウハウを期待する思いもあったかもしれません。そのような期待を裏切り、亀の歩みのような過程の保険提案手法をご紹介してきました。

　皆さんの心中を想像すると、「お客様の潜在ニーズを掘り下げている時間なんかない。限られた時間の中で、できるだけ効率良く商品を紹介しないと…」という声も聞こえます。

　私が銀行窓販や現在の仕事の中で、多くのお客様の相談を受けて感じたことは、お客様はライフプランや資産を自己開示したうえで、将来にわたる適切なアドバイスを求めているのだということです。

　特に、銀行窓販に携わっているときには、保険営業の担当者としてお客様とお話ししているはずなのに、保険商品の提案をまったくせずにお客様のお金の悩みの聞き役になったり、基本的な資産運用の考え方の話ばかりして時間が過ぎたりしてしまうことも多々ありました。そして、最後にあわてて保険商品の提案をするような始末でしたが、意外とその後も継続して相談に来てくださったり、成約

に結びつくことも多かったのです。

　保険商品の提案の前に、ライフプランや貯蓄計画、将来の不安を聞いているので、提案する保険商品は絞られています。お客様にしてみれば納得感のある商品なので、成約率も上がっていたのでしょう。

　お客様と出入口でお別れをするときには、何度もお礼を繰り返され、こちらのほうが戸惑ってしまうこともありました。お客様が納得できる保険を見つけられたことで、私自身も仕事に対する達成感を得ることができました。

　最後に、私が皆さんに本当にお伝えしたいことを書いて締めくくりたいと思います。

　銀行窓販も営業です。営業という仕事は、実に成長を求められる仕事だと思います。

　商品知識の習得のために日々研鑽し、経験値を積むことで、実績も右肩上がりを目指すわけです。仕事の結果のみを目指すのであれば、こうした取り組み方でよいと思います。

　でも、せっかく営業の仕事をするのであれば、自分自身のコミニュケーションスキルを伸ばすことを意識してもよいのではないでしょうか。それは、商品を販売するためのトークスキルを磨くということではなく、様々なお客様とのやりとりの中から、公私ともにストレスのないコミニュケーションスキルを身につけるということで

す。

　最近は、仕事や人間関係のストレスにより、精神的な病を患う方も多いように感じます。

　人間関係の大部分はコミュニケーションです。円滑なコミュニケーションができれば、ストレスが緩和される部分もあるかと思います。

　保険相談では、お客様の潜在ニーズを引き出すのにも、相手を理解する姿勢と傾聴が必要になります。仕事でこのスキルが身についてくると、私生活でも、周りの人とのコミュニケーションが明らかにスムーズになったと実感するときが訪れます。

　営業の仕事をつらいなと感じたときは、ぜひこのことを思い出してください。

　自分自身の成長が実感できると、自分の周りに人が集まります。
　お客様のご資産も自分の前に集まります。
　お客様がお客様を連れて来てくださいます。
　自然と職級が上がり、お給料も上がっていくでしょう。

「保険を売る」という狭い視点だけに捉われず、保険相談を通じて、自分自身の人生をさらに好転させていただければ幸いです。

　　　　　　　　　　　　　　２０１７年８月　　宮原久美

著者プロフィール

宮原久美 (みやはら ひさみ)

京都府亀岡市出身。早稲田大学人間科学部
卒業後、リクルートコスモス（現コスモス
イニシア）に入社、不動産販売に携わる。
結婚後、専業主婦の傍ら、金融関連業に興
味を持ったことをきっかけにＣＦＰ®を取
得。子育てがひと段落した時期に、当時ま
だ知名度の低かった来店型乗合保険代理店
を再就職先として選択する。約５年間の勤
務の後、2010年より２年半、地方銀行に
て保険窓販を担当。保障性保険の販売と銀
行員へのＯＪＴのみならず、支店内トス
アップのスキーム作りとその実践まで携わ
る。2012年に総合保険代理店である株式
会社ライフヴィジョンを設立。現取締役。

お客様目線でうまくいく
保険窓販５つのステップ

2017 年 9 月 19 日　初版発行

著　者…………… 宮原久美

発行者…………… 楠　真一郎

発行所…………… 株式会社近代セールス社
　　　　　　　　　http://www.kindai-sales.co.jp/
　　　　　　　　　〒 164-8640　東京都中野区中央 1-13-9
　　　　　　　　　電話：03-3366-5701
　　　　　　　　　FAX：03-3366-2706

イラスト………… 黒川輝代子
装幀・DTP ……… 根本眞一
印刷・製本……… 三松堂株式会社
編　集…………… 吉川令那

※乱丁本・落丁本はお取り替えいたします。

©2017 Hisami Miyahara　ISBN　978-4-7650-2082-4
本書の一部または全部を無断で複写・複製あるいは転載することは、
法律で定められた場合を除き著作権の侵害になります。